AF409920

La Esencia del Ser

Bio-recodificación del ADN Vibracional
para una excelente calidad de vida

La Esencia del Ser

Bio-recodificación del ADN Vibracional para una excelente calidad de vida

Silvia Wachter

San Carlos de Bariloche - Argentina

Wachter, Silvia Patricia

La Esencia del Ser / Silvia Patricia Wachter - 1a ed. - Bariloche:

Silvia Patricia Wachter, 2018

120 p.; 23 x 15 cm

ISBN: 978-987-778-920-1

1.Desarrollo Humano. 2. Autoayuda. 3. Autoestima. I. Título.

CDD 158.1

Diseño de Portada: Juan Calderato

Diseño y diagramación: Cristina Lund

La Esencia del Ser. Bio-recodificación del ADN Vibracional
para una excelente calidad de vida.
Silvia Patricia Wachter
1a edición. Bariloche - Argentina

ISBN: 978-987-778-920-1

A mis hijos

Índice

Agradecimiento

A quienes exploran su evolución recordando el
origen Divino y Sagrado de toda la humanidad.
A todas las personas que han transitado y
acompañado mi camino de transformación.

1

Introducción

Durante un determinado lapso de tiempo, he estado recibiendo información sobre el cambio de conciencia que está transitando la humanidad debido a que nuestro Código Genético (ADN) Vibracional se está transformando.

Desde que comencé a escribir este libro en el 2003 han pasado varios años y afortunadamente para la humanidad, cada vez hay más información sobre este tema y novedosos sistemas de colaboración para esta nueva etapa.

Hace unos años atrás, ya se hablaba de un cambio de ADN en toda la humanidad, lo que me parecía muy extraño y me preguntaba ¿cómo era esto posible? si los científicos no decían ni publicaban nada al respecto. Otras personas por medio de canalizaciones llegaban a dar explicaciones que nuestra mente todavía no comprendía. Hoy sé que esto es real, hay comprobaciones científicas al respecto (algunas publicadas y otras no). En ese momento, desde la ciencia, no había muchas aclaraciones y definiciones sobre este tema, como ocurre ahora con la física cuántica. Es éste un *momentum* muy importante para todo el planeta, ya que desde hace algunos años tenemos la gracia de tener dispensa kármica, lo que significa que estamos en una época de reconexión con nuestro SER, independientemente de lo que hemos vivenciado nosotros en nuestras infinitas vidas pasadas y lo que han experimentado nuestros ancestros que se encuentra inserto en nuestro ADN Vibracional. Más adelante desarrollaré en detalle en qué consisten estos cambios.

Desde hace unos años he estado dando sesiones y seminarios sobre el nuevo Código Genético vivenciando y experimentando la multidimensionalidad y he investigado al respecto ya que para poder modificar, transformar y purificar todas las improntas negativas (si es que lo negativo existe) insertas en el mismo código de todas nuestras vidas, en todas las dimensiones, espacios-tiempo, mundos paralelos debemos primero hacernos conscientes de ello y asumir la responsabilidad de la conducción de nuestro Ser. Es una decisión interna la de tomar nuestro verdadero poder y asusta un poco saber que todo lo que nos pasa es nuestra propia responsabilidad. Ya sea en un plano consciente o inconsciente, somos responsables de todo lo que nos rodea.

Durante un tiempo me pregunté por qué Dios me "castigaba" tanto, por qué, si Él es todo Amor, yo tenía que sufrir para luego conectarme con el placer, la alegría y el gozo. Hoy sé que Dios (más allá de religiones y razas) no "castiga" es lo que nosotros elegimos de alguna manera experimentar en este plano de dualidad para la evolución de nuestro Ser en conexión con la Esencia sagrada que hay en cada uno de nosotros. Dios está en cada uno de nosotros. Desde muy pequeña no entendía muchas cosas que pasaban a mi alrededor y muchas veces me sentí "bicho raro". Recuerdo que en mi adolescencia me parecía que debería haber nacido en otro momento, en otra época, en otro lugar. Supe después que esto es algo inherente al ser humano y que hacemos muchas cosas para saciar esta sensación de vacío que tenemos todos (compulsión por comprar, por la comida, adicciones, etc.) Y que desde el punto de vista de Carl Jung esto se refiere al proceso de Individuación.

Hoy algunas preguntas sin respuesta de estos años ya están siendo esclarecidas. Por supuesto que surgen otras y hay muchas que todavía no han sido develadas.

Cuando en el año 2000 comencé a dar los seminarios y a realizar sesiones del sistema N.C.G® Nuevo Código Genético, ya había brindado muchísimos cursos, seminarios y sesiones con diferentes técnicas y aun así sentía profundamente que este era el inicio de una nueva etapa. Ya se había fijado la fecha para el primer taller de N.C.G® Nuevo Código Genético y todavía no sabía que ejercicios iba a hacer. Una vocecita dentro de mí me decía: "Esto es distinto. Sé solo un instrumento y deja tu ego de lado. Cada persona realizará el cambio de ADN vibracional a través de los ejercicios"

Mi mente me decía: "¿cómo sabés que es real, que hay una modificación y transformación de su ADN vibracional y que no estás dando a la gente otra cosa? ¿Cómo sabés que no estas ofreciendo algo que no corresponde?" Y surgieron muchas dudas más. Seguí con los seminarios y sesiones. Cada vez que mi mente se ponía inquieta (cuando daba un seminario, o hacia una sesión de transformación de los contratos insertos en el ADN Vibracional, o hablaba del cambio de ADN, etc.) me llamaba alguien para decirme lo maravilloso de los cambios y las experiencias que habían tenido luego de haber experimentado algunas de estas sesiones y/o talleres. Eso y otras señales indicaban que mi servicio como instrumento era real. Solo luego de por lo menos ocho meses de comenzar a dar seminarios y sesiones recodificando el ADN Vibracional comencé a recibir información "lógica": la explicación del para qué de los ejercicios y lo que hablaba sobre Nuevo Código Genético. Y también en ese momento me di cuenta: todo se abrió, es como si mi ser hubiese sido iluminado con una pequeña chispita de sabiduría y *comprendí lo que significaba la integración, la unidad con Dios, con nuestra propia Divinidad, con el sentir de que Dios está dentro nuestro, que no es una imagen, que las plantas, los minerales, los astros, la humanidad, los planetas y las galaxias, todos Somos Uno. Y comprendí finalmente lo que el Amor de Dios significa: es Amor Incondicional, nos ama mas allá de si nos portamos "bien o mal", más allá de si nos "merecemos o no" (en realidad la palabra merecer es algo que nuestra mente creó), más allá del "bien" o del "mal", más allá de nuestra "luz" y nuestra "sombra" y cuando decimos que somos seres Divinos hechos a imagen y semejanza de Dios es porque tenemos la capacidad de conectarnos con ese* AMOR INCONDICIONAL A NOSOTROS MISMOS Y AL RESTO DE LA HUMANIDAD.

Comprendí lo que los viajes multidimensionales significaban, ya que los realizaba desde hace mucho tiempo sin saber que era. Comprendí que elegí (y elijo) estar encarnada en el aquí y ahora, en este momento tan especial de una nueva ascensión a un nuevo estado de conciencia, de conexión con nuestra energía crística, de re-conocimiento de quienes realmente somos y finalmente agradecí y me pude perdonar por todas esas veces que sentí el "dolor" de haber nacido y mi resistencia a seguir caminando en este Bendito planeta Tierra con real alegría y felicidad, esa alegría y felicidad que sólo sentimos cuando estamos unificados y que viene de nuestra alma.

Agradezco todos los días por todas las circunstancias que elegí al encarnar. Hoy sé que soy responsable por cada uno de mis actos, conscientes e inconscientes. Hace mucho tiempo que elijo que el Amor Incondicional se manifieste en todo momento, en todo lugar.

Hace muchos años comencé mi formación con Rhea Powers y Brugh Joy. En ese entonces ellos me enseñaron el sistema de Conexión en el Centro Del Corazón para abrirse a los atributos del mismo. En esa época yo no tenía idea de que el Amor Incondicional es la llave para la apertura al sistema de trece chakras que es el que nos conecta con todo el Universo.

Por supuesto tampoco sabía esto cuando tome la Maestría de Reiki. A medida que investigaba sobre Nuevo Código Genético comprendí: el Reiki es un sistema o método de sanación por imposición de manos basado en el Amor Incondicional. Cuando una persona recibe el Primer Nivel de Reiki es iniciada a la apertura al Amor Incondicional. Se produce una sintonización de los siete chakras o centros energéticos y un cambio vibracional muy importante. Reiki es una muy buena herramienta para aquellos que están ascendiendo a 1800 vibraciones en nuestro ADN.

Sé que soy guiada continuamente por los Maestros y los Guías de la Luz. La Divina Madre (Divina Presencia Femenina que trasciende todos los credos y razas) está siempre en mí, porque se manifiesta a cada instante cuando siento y experimento Su presencia. Tampoco necesito hoy la comprobación a través de distintos medios (por ejemplo fotos) ya que sé que todo está dentro de mí.

SOMOS UNO. Aún así hay una parte de mi personalidad que siente un vació muy grande cuando no "sucede" nada (en apariencia) en mi mundo externo: cambio de trabajo, mudanza, nuevas relaciones, etc. Los grandes Maestros dicen que nuestras transformaciones más significativas ocurren cuando nos quedamos en quietud para sentir, escuchar y vibrar con nuestro corazón.

2

El Código Genético

1. El ADN recodificación, reconexión y proceso de activación

Dentro de las células humanas hay filamentos con códigos de luz. Son hebras muy finas de energía que transportan información, estas hebras trabajan juntas como un cable (tal como las fibras ópticas) y forman la hélice de nuestro ADN. Cuando se agrupan y se colocan en una cierta alineación los filamentos interactúan y dejan salir una información que le da sentido a la historia que llevan.

El ADN contiene un código con el anteproyecto de nuestra identidad (blueprint). Es el plan para nuestra existencia que se encuentra en nuestras células.

Desde el punto de vista de la frecuencia, la identidad es la suma total de nuestros cuerpos físico, mental, emocional y espiritual. Se emite en forma de pulsaciones electrónicas y para cambiar la modulación de nuestra frecuencia es necesaria la reconexión de nuestro ADN.

Nuestro ADN es un filamento. Los científicos han encontrado ciertas codificaciones en algunas de sus partes. Por lo tanto, hay otras que no pueden descubrir y que para ellos no cumplen ninguna función. Esta es la parte de nuestro ADN que está dormido y que estamos activando en este momento.

El ADN está evolucionando y en estos momentos se lleva a cabo la reorganización del mismo. El ADN que despierta nos permite llegar al estado de "conciencia plena".

El concepto de "conciencia plena", es un estado del ser que trasciende las leyes físicas tal como nosotros las conocemos y experimenta la no separación entre los mundos visibles e invisibles. Se manifiesta al trascender nuestras propias limitaciones y necesidades. Desde el punto de vista emocional, la conciencia plena trae un final a la experiencia del miedo y nos permite experimentar un nuevo nivel de alegría y completud en las actividades diarias. Nos convertimos en co-creadores con el universo y somos responsables de nuestra propia existencia.

Nosotros creamos nuestras experiencias y/o recordamos que somos co-creadores conscientes.

La recodificación, reconexión y el proceso de activación es el primer paso a ser completado en la transformación hacia la conciencia plena.

El ADN cambia al integrar todos nuestros aspectos, nuestros miedos y limpiar nuestros cuerpos. Nuestro cuerpo es reconectado y un nuevo circuito electromagnético es creado. Todo sucede simultáneamente. Todas estas combinaciones crean un estado de conciencia plena en la que aprendemos y elegimos cómo existir paso a paso.

La Teoría de las Cuerdas y la física cuántica son la base de todos los sistemas de *Bio-recodificación del ADN Vibracional de Silvia Wachter®* creados por mi hace algunos años con excelentes resultados. Ellos son: *Sistema N.C.G.® Nuevo Código Genético, Sistema ON®, Cosmic - Programas del SER® y Esencias y Cartas Vibracionales **de la Aurora**® que se enseñan desde el Año 2002 en la Escuela N.C.G.-Nuevo Código Genético®.*

Todos estos sistemas BIO-RECODIFICAN EL ADN VIBRACIONAL y *se diferencian de otros sistemas en que la persona en su proceso se multidimensiona, transformando su ADN Vibracional en las distintas dimensiones y/o espacios tiempo y/o mundos paralelos en que se produjeron los hechos que dieron origen a aquello que decidieron heredar y/o volver a transitar en esta dimensión y espacio-tiempo que esta inserto en su blue-print o plantilla de ADN Vibracional para lo cual han elegido a los ancestros, personas y/o situaciones aquí y ahora. Al multidimensionarse, aplicando estos sistemas, se transforma el ADN Vibracional o Cuántico.*

Bio-recodificar el ADN Vibracional es *transformar los códices insertos en él multidimensionándonos a la causa y al origen en las dimensiones, espacios tiempos y mundos paralelos donde se produjeron los hechos que dan origen a las circunstancias actuales en este espacio tiempo.* Esto es *distinto a reprogramar* los cuerpos físico, mental y emocional que modifica únicamente estos cuerpos y no las causas insertas en nuestro blue print que originaron que estemos transitando hoy estas vivencias en este espacio tiempo, en el aquí y ahora. Por supuesto que cuando bio-recodificamos nuestro ADN Vibracional se modifican nuestras creencias, emociones y el cuerpo físico.

Proceso de Bio-recodificación del ADN Vibracional de Silvia Wachter®

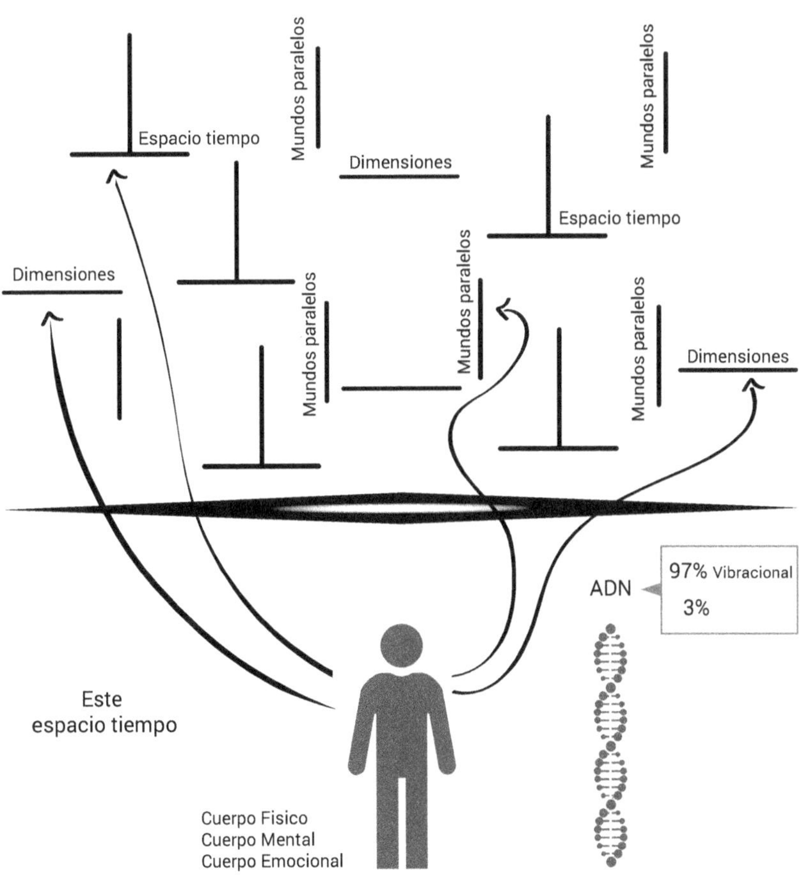

En que se diferencian de otros sistemas:
- Actúan en distintas dimensiones y espacios-tiempo y mundos paralelos.
- Bio-recodifican el ADN Vibracional.
- La Bio-recodificación del ADN Vibracional además modifica y transforma los cuerpos físico, emocional y mental liberándonos de miedos, enfermedades, inseguridades, formas de relacionarnos con nosotros mismos y con los otros, etc. desde el ORIGEN de la CAUSA ANCESTRAL y/o de VIDAS PASADAS por la cual elegimos transitar las circunstancias en el aquí y ahora.
- Transforma la blue-print que es la plantilla impresa en el ADN Vibracional con la que nacemos dándonos la oportunidad de co-crear nuestra realidad desde nuestro SER sin interferencias de lo vivenciado por nuestros ancestros y/o por nosotros mismos en nuestras vidas pasadas.
- Bio-recodifican el ADN Vibracional permitiendo, que con la autorización de los seres involucrados en el proceso desde su libre albedrío, puedan transformar también, aquello que necesiten hasta la vigésima generación ascendente (padres, abuelos, bisabuelos, tatarabuelos, etc.), descendente (hijos, nietos, bisnietos, etc.) y colateral (hermanos, sobrinos, primos, etc.). Por ejemplo, si realizo una transformación con las Cartas Vibracionales *de la Aurora*® o alguno de los sistemas de Bio-recodificación del ADN Vibracional de Silvia Wachter® mis ancestros, hijos, nietos, hermanos, sobrinos pueden recibir también la misma transformación siempre que su SER lo permita.

Cada persona hace su proceso individual (aunque muchas sesiones y talleres sean grupales). Se multidimensiona conscientemente y experimenta lo que es estar en las distintas dimensiones y/o espacios-tiempo y/o mundos paralelos en el que acontecieron los hechos o circunstancias que dieron origen a lo que se desea transformar.

Somos seres electromagnéticos hiperespaciales y tenemos la capacidad de multidimensionarnos manifestando altas frecuencias vibratorias, ya que producimos campos de torsión. En estos campos de torsión está toda la información que necesitamos para co-crear e intencionar la realidad que deseamos en el aquí y ahora. Los campos de torsión se comunican entre sí, interactúan hiperespacialmente (más allá de este espacio-tiempo), tienen la información del todo y además la propiedad de trasladarse hacia pasado, presente y futuro transmitiendo información e intercambiándola para liberar y transformar los programas y contratos insertos en nuestro ADN Cuántico, en este aquí y ahora, que afectan nuestras creencias, emociones y cuerpo físico. De acuerdo a recientes investigaciones de científicos rusos nuestra aura es un campo de torsión unificado. Estos campos de torsión se comunican y están también en el vacío hiperespacial y se conectan con la geometría exclusiva (blue print) de nuestro ADN Vibracional o cuántico (que es el 97% de nuestro ADN y corresponde a nuestros ancestros y/o vidas pasadas) que es el que elegimos al nacer y para llevarla a cabo vivenciamos en el aquí y ahora circunstancias y relaciones insertas en el mismo. Esta geometría contiene información. Los campos de torsión se comunican entre sí permitiendo la bio-recodificación del ADN vibracional.

¿Por qué es importante la Intención para la bio-recodificación del ADN cuántico? El profesor William Tiller opina que la intención es una fuerza real y va más allá de nuestra capacidad física de observar en este plano. Tanto la intención como el pensamiento son fundamentales en la realidad cotidiana. Cuando nos conectamos con una intención estamos eligiendo modificar nuestra realidad.

Si vieron la película "Volver al Futuro", se darán cuenta que todos los sistemas de Bio-recodificación del ADN Vibracional de Silvia Wachter® mencionados aquí, funcionan igual que lo que se manifiesta en la película. La misma es sobre un adolescente que se une a un profesor que construyó un auto que viaja a través del tiempo. El chico sube al auto y va hasta el momento en que se conocieron sus padres. En ese espacio-tiempo su padre era una persona al que todos maltrataban y vapuleaban. El muchacho, en ese otro espacio tiempo, bio-recodifica su ADN Vibracional y por lo tanto modifica esa situación, y al volver con el auto a este espacio tiempo su padre es ahora un hombre exitoso. El muchacho en la película se moviliza a través de los espacios tiempo con el auto y nosotros al utilizar estos sistemas lo hacemos con nuestra Merkabah (ver Pág. 72) a múltiples espacios-tiempo, dimensiones y mundos paralelos. Así funcionan los sistemas mencionados.

2. Que es el Código Genético o ADN

2.a. Código Genético Tradicional

El ADN es en apariencia sólo un atributo físico del cuerpo humano.

Desde el punto de vista del atributo físico de acuerdo a S. Grisolia "E1 Genoma debe ser entendido como la totalidad de la información genética almacenada en el ADN de las células. Cada persona tiene su propio genoma, el cual guarda una gran similitud (99,8%) con todos los de su propia especie y tan solo se diferencia de la del chimpancé en algo más del 1%. Esa información, que se encuentra almacenada en todas y cada una de sus células y que le define e identifica como ser único e independiente, es lo que conocemos como su patrimonio genético o genoma…"

El informe continúa diciendo: "El ADN es la molécula responsable del soporte de la información genética, la cual está basada en una secuencia específica de otras moléculas muchísimo menores denominadas nucleótidos. El orden de estos nucleótidos en el ADN es de crucial importancia porque define la secuencia específica de aminoácidos que tendrá la futura proteína. Sólo participan 4 nucleótidos diferentes que, combinados en grupos de tres, establecen un código específico que define el significado de esta información. Cada nucleótido dispone de tres elementos: una base nitrogenada, un azúcar (la desoxirribosa) y un grupo fosfato. La base es la verdaderamente responsable de la especificidad de la información y existen cuatro diferentes, que se identifican con las letras A (Adenina), G (Guanina), C (Citosina) y T (Timina) y representan las cuatro letras con las que se escribirá el libro de la vida; los otros componentes del nucleótido (el azúcar y el grupo fosfato) desempeñan una función estructural y facilitadora de la polimerización mediante el engarce consecutivo de los diferentes nucleótidos.

Estructuralmente, el ADN es una molécula de doble cadena, cada una de las cuales está dirigida en sentido antiparalelo (considerando la dirección de su polimerización o crecimiento) y ambas cadenas forman una estructura en espiral (a modo de escalera de caracol) en donde los grupos azúcar-fosfato constituyen el esqueleto o armazón que representan los laterales paralelos de la escalera de caracol, mientras que las bases nitrogenadas están orientadas hacia el eje central de la espiral y representan los peldaños de la escalera. El apareamiento de las bases entre ambas cadenas se realiza con una extraordinaria selectividad, de acuerdo con la siguiente regla: Adenina con Timina (A–T) y Citosina con Guanina (C–G) y cada 10 pares de bases (peldaños) da lugar a una vuelta completa de la hélice.

La información contenida en el ADN es decodificada en dos etapas consecutivas denominadas transcripción y traducción. La transcripción supone la síntesis de ARN (ácido ribonucleico) constituido por una secuencia de cuatro nucleótidos (ribonucleótidos) conteniendo las mismas bases que los nucleótidos que forman parte del ADN (desoxirribonucleótidos) con la salvedad que la Timina es sustituida por Uracilo. El orden de los nucleótidos en el ARN viene definido por la secuencia de los mismos en una de las cadenas del ADN que sirve de molde. Por último, la traducción supone el cambio del código basado en una secuencia de nucleótidos en otro basado en una secuencia de aminoácidos (proteína), merced a unas moléculas de ARN especiales denominadas ARNt (ARN de transferencia). (www.cfnavarra.es)".

Esto coincide con la definición del Proyecto del Genoma Humano: "El Genoma Humano es la secuencia de ADN de un ser humano. Está dividido en 24 fragmentos, que conforman los 23 pares de cromosomas distintos de la especie humana (22 autosomas y 1 par de cromosomas sexuales). El genoma humano está compuesto por aproximadamente entre 25000 y 30000 genes distintos. Cada uno de estos genes contiene codificada la información necesaria para la síntesis de una o varias proteínas (o ARN funcionales, en el caso de los genes ARN). El "genoma" de cualquier persona (a excepción de los gemelos idénticos y los organismos clonados) es único."(*Wikipedia "proyecto genoma humano"*)

Hasta la actualidad la ciencia tradicional ha estudiado y analizado el ADN mediante microscopio ya que cada molécula de ADN tiene más de tres mil millones de sustancias químicas.

De acuerdo al Proyecto del Genoma Humano solo el 3% de la química del ADN es útil, o sea la porción de proteína codificada.

Desde este punto de vista más del 97% del ADN es lo que los científicos llaman "ADN basura" no tendría ninguna utilidad ya que no hay manera de medir o cuantificarlo con los parámetros científicos tradicionales actuales.

2.b. Código Genético Vibracional o Cuántico

Sin embargo la física cuántica difiere del concepto tradicional. Ese 97% es el ADN Vibracional o Cuántico y es la esencia de nuestra alma en evolución a través de los tiempos, nos conecta y unifica con el Cosmos y todo lo que nos rodea desde nuestra propia DIVINIDAD. Este 97% es el Registro de nuestro Akasha, de todas nuestras vidas en todas las dimensiones, en todos los espacios-tiempo y en todos los planos de conciencias y mundos paralelos o múltiples.

Dentro de este ADN cuántico o vibracional está la conciencia humana, que no se puede medir con genes y química.

En el ADN vibracional se encuentran todos los programas, órdenes y contratos que dan origen a todos nuestros cuerpos en este espacio tiempo y esto se expresa en lo que hacemos, pensamos, sentimos, etc.

Gracias a este 97% de ADN vibracional se producen las transformaciones y es la base en dónde se produce el 3% restante.

Ya que al alcanzar el estado de "conciencia plena" somos uno con el Universo y con nuestra propia Divinidad el ADN Vibracional produce información intuitiva de calidad que nos facilita la relación desde el Amor Incondicional con nosotros mismos, con los otros y todo el Universo. Esto redunda en una mejor calidad de vida ya que nos permite bio-recodificarlo.

Esto es así porque desde este nuevo enfoque de ADN Vibracional estamos en condiciones de controlarlo, hablarle, bio-recodificarlo, sanarlo y estar a cargo de nosotros mismos.

Para la humanidad el tiempo es lineal y la física cuántica no tiene un pensamiento lineal para que los científicos tradicionales puedan analizar este 97% como eneagramas no codificados

El ADN de la humanidad se creó con un propósito sagrado y a partir de la integración con el Reino Dévico. Pero este origen sagrado y divino fue mermando con el libre albedrío del que gozan los seres humanos, que lentamente a través de la historia del Planeta Tierra se fueron desvinculando de la Fuente. Los documentos del Mar Muerto ponen esto de manifiesto, en esa época existía la integración entre el planeta tierra y nuestros cuerpos.

Los instrumentos que actualmente utilizan los científicos sólo captan la parte física. Para poder ver y analizar el ADN Vibracional sería necesario crear una lente cuántica.

El ADN de los seres humanos está siendo modificado debido a la nueva posición de la tierra con respecto del sol, al girar sobre su eje, el planeta Tierra esta inclinándose y entrando en el Cinturón Fotónico. Es por eso que nos sentimos muy raros. Para aquellos de nosotros que hemos estado en un camino espiritual consciente durante un tiempo, esto se hace con total conciencia de lo que el cambio de ADN implica y las influencias que esta nueva posición de la tierra en el cosmos trae aparejada. Aún así solo tenemos una conciencia parcial ya que en la actualidad no sabemos lo que ocurre en otros estados de nuestra conciencia en todas las demás dimensiones, espacios-tiempo y mundos paralelos. Para aquellos que ni saben de estos cambios que están ocurriendo en el planeta tierra, se hace todavía más difícil su existencia, ya que nuestra mente lógica no encuentra un asidero para todo este movimiento y además, interfiere totalmente en la creencia de pensar o sentir que estamos "locos".

Muchos de los cambios que se están realizando, han sido pre-dichos por antiguas civilizaciones, entre ellos los mayas, los incas, los egipcios por ejemplo. Los mayas hablaban "del tiempo del no tiempo" y muestran a éste como un periodo de transición de la humanidad.

3

Hacia un Nuevo Código Genético

El Amor Incondicional Es La Clave

Tal como decía Brugh Joy (uno de mis maestros en la tierra): *"the Mystery of Uncondicional Love is the key…"* traducido significa "el misterio del Amor Incondicional es la llave…" Ese Amor Incondicional que muy de vez en cuando experimentamos en el Planeta Tierra, el que no pide nada a cambio y simplemente da sin medida y sin condiciones, ¿será por eso que para nosotros es un misterio? ¿O tal vez se refería al amor en otros mundos y dimensiones paralelos? ¿Al amor que está en el cosmos, en el corazón de nuestros hermanos del universo y de otras galaxias? ¿Es el amor a nosotros mismos basados en el amor incondicional del Padre/Madre que somos nosotros en otro estado de conciencia? YA QUE SOMOS UNO CON DIOS Y CON LOS OTROS ¿SE REFERIA A ESTO O HAY MAS? Aun sigo buscando y tratando de entregarme cotidianamente al verdadero AMOR INCONDICIONAL. En eso está basada la Nueva Humanidad. Por eso la necesidad de liberar de nuestro ADN vibracional todas las improntas que impidan nuestra conexión con el Amor Incondicional y para sustituir ese otro sentimiento que los humanos llamamos "Amor" y que es condicional a aquello que nuestro ego necesita o requiere. El misterio del Amor Incondicional…

1. El Cuerpo de Luz

En la actualidad estamos desarrollando nuestro Cuerpo de Luz, que es el cuerpo espiritual que nos permite relacionarnos cada vez más con el cosmos.

A medida que conscientemente vamos limpiando nuestros cuerpos más densos (físico, emocional y mental) nuestro Cuerpo de Luz se incrementa y se fortalece para vivenciar todas aquellas realidades no materiales y tener también la posibilidad de que todo lo nuevo y nuestra integración interior y exterior se instalen en todas las dimensiones, en todos los estados de conciencia,espacios-tiempo y mundos paralelos. Tenemos muchos cuerpos. La formación del cuerpo de luz nos posibilita el reconocimiento consciente de nuestra multidimensionalidad y la capacidad que tenemos de trasladarnos a otros lugares y relacionarnos con seres de todo el universo y de distintas galaxias, dimensiones y espacios-tiempo.

Esta formación de nuestro Cuerpo de Luz nos permite acceder a realidades totalmente distintas a las vividas o experimentadas por nosotros en este espacio físico, ya que son experiencias multidimensionales y nada tienen que ver con el plano físico. A medida que tomamos conciencia de ella nos conectamos más y más con la totalidad de todo nuestro ser y podemos percibirnos en otros espacios-tiempo, dimensiones y mundos paralelos y maravillarnos con los lugares cósmicos e interplanetarios que hay más allá del nivel físico en todo el universo y en todas las galaxias.

La capacidad de multidimensionarnos es distinta al desprendimiento del cuerpo astral. En la antigua Grecia se lo denominaba cuerpo etérico, energético, espiritual. Cuando realizamos un viaje astral se produce el desprendimiento temporal de este cuerpo respecto de nuestro cuerpo físico (en reposo), quedando unidos ambos por el "cordón de plata" y tenemos la capacidad de viajar con el cuerpo astral UNICAMENTE EN ESTE ESPACIO-TIEMPO. Cuando nos multidimensionamos tenemos la capacidad de ir a infinitos espacios-tiempo, dimensiones y mundos paralelos.

¿Para que desarrollamos y tomamos conciencia de nuestra multidimensionalidad? Para recuperar nuestro verdadero poder e integrarlo a la vida cotidiana, lograr un estado emocional, mental y físico en salud perfecta, confianza y valoración en nosotros mismos, situaciones económicas y financieras abundantes, resolución de conflictos con otras personas y por lo tanto relaciones más armoniosas.

Las dimensiones son realidades de frecuencia vibratoria diferentes. Por ejemplo en esta tercera dimensión (en el aquí y ahora) estamos en cuerpo físico y coexistimos también en otras como la quinta, vigésima, veintisiete, etc.

Los universos o mundos paralelos son realidades distintas y simultáneas que vibran en una misma frecuencia, o sea a un mismo nivel de frecuencia vibratoria existen infinitos universos o mundos paralelos interconectados diferentes que actúan simultáneamente. Cuando comencé con mis viajes dimensionales (en realidad cuando tome la conciencia de ellos), pensaba que era mi mente lógica la que ideaba todos esos lugares maravillosos, esos encuentros con paisajes, colores, "gente" distinta. El temor a la locura y mi falta de confianza en lo que me pasaba me impedían disfrutar plenamente de estos viajes reconociéndolos como tales. A medida que el tiempo pasaba cada vez eran más frecuentes y más placenteros. Con sumo cuidado hablaba de ellos en mi terapia y la terapeuta, muy sabiamente, los interpretaba de la manera adecuada al momento y situaciones por las que yo atravesaba. Me contenía y hoy sé que afortunadamente ella estaba como cable a tierra de todas estas cosas que me sucedían.

Fue hace tiempo que comencé a darme cuenta que estos "viajes" eran viajes. Los diferenciaba de los sueños. En general recibo mucha información en los sueños, pero esto era distinto. He realizado muchos seminarios sobre la interpretación de sueños ya que a través de ellos se manifiesta nuestro inconsciente. Hace pocos años leí una frase del Lama Anagarika Govinda en el libro Foundatios of Tibetan Mysticism en la que decía "La experiencia de una dimensión más elevada se logra mediante la integración de experiencias de diferentes centros y niveles de conciencia. Por ello ciertas experiencias de meditación son indescriptibles en el plano de la conciencia tridimensional y en un sistema de lógica de reducidas posibilidades de expresión que limita el proceso de pensamiento".

Paralelamente a esto comencé a tener conocimiento de la física cuántica… ¡Ah!!! ¡Maravilloso! Ahora hay una explicación científica para todos estos procesos inexplicables para nuestra mente "pequeña" si bien lo más importante es vivenciarlos. Es como explicar la pasión que sentimos cuando hacemos algo que nos gusta, es solo ¡vivirlo!!!!

Barbara Ann Brennan en su libro Manos que Curan[1] dice: "Mediante el modelo de Sarfatti, empezamos a ver un mundo muy semejante al que se describe más adelante: el mundo del aura y el campo energético universal. Dentro de él existimos en más de un mundo. Nuestros cuerpos más elevados (frecuencias aurales más altas) son de un orden superior y están más conectados con los cuerpos superiores de otros que nuestros cuerpos físicos. A medida que progresa nuestra conciencia hacia frecuencias, vibraciones y cuerpos más elevados, nos vamos conectando cada vez más, hasta que llega el momento en el que somos uno con el universo. Mediante este concepto, la experiencia meditativa puede ser definida, por tanto, como la elevación de nuestra conciencia a una frecuencia más alta, de manera que pueda entonces experimentar la realidad de nuestros cuerpos más elevados, de nuestra conciencia más alta y de los mundos más altos en que existimos."

Ahora, desde hace años hay una parte de la física que es la que estudia la composición de los átomos y los subatomos y es la que sostiene que ya no es posible hablar de una partícula de materia única, indivisible y esencial. Hay un vacío del que surge una partícula. Esta energía se condensa y al vibrar a otra frecuencia surge la materia.

Ya la física tradicional está dejando ciertas premisas materialistas y hay un sector de ella que se acerca cada vez más a la existencia de otras dimensiones. Por ejemplo Theodoro Kaluza en el año 1919 demuestra matemáticamente, pero no físicamente, la existencia de una quinta dimensión, sentando la base junto a Oskar Klein del desarrollo de la Teoría Kaluza-Klein que ha influenciado en algunos físicos de la Teoría de las Cuerdas. Esta teoría sostiene que las partículas materiales son en realidad "estados vibracionales".

Isaac Newton en el siglo XVII sostuvo que existía un universo formado por objetos sólidos (átomos). En el ADN de la humanidad, aún hoy está inserto este concepto de relacionarnos con

---

1 Barbara Ann Brennan, *Manos que Curan*

nosotros mismos y los otros desde este pensamiento newtoniano. Es por eso que todavía no aceptamos las posibilidades que tenemos al haber un espacio–tiempo desde el concepto de Einstein, donde podemos percibir más allá de nuestros cuerpos físicos. Estamos sujetos al mundo tridimensional sólido, aparentemente "estable". La estabilidad y el equilibrio en nuestros cuerpos se manifiesta cada vez más en un mundo "no sólido" cuando descubrimos lo limitante que es la materia y nuestras creencias de hoy y ancestrales como por ejemplo cuando algo va a suceder y eso ocurre, o pensar en alguien y que esa persona nos llame o encontrarla.

En el siglo XIX surge la Teoría de los Campos que observó que las partículas interactúan entre sí formando un campo. Estos campos generan fuerzas que se atraen y se rechazan mutuamente. Este es el criterio por el que nos relacionamos con los otros más allá de lo que nuestra materia muestre, dando la explicación a situaciones tales como saber o conocer quién va a tocar el timbre antes de que llegue, saber cómo es alguien con anticipación sin haberla visto físicamente, sentirnos a disgusto o atraídos por esa persona, etc.

A principios del siglo XX aparece la Teoría de Relatividad de Einstein. Barbara Brennan en su libro *"Manos que curan"* define claramente: "Según la teoría de la relatividad, el espacio no es tridimensional y el tiempo tampoco es una entidad aparte, sino que ambos están íntimamente conectados y forman un continuo tetradimensional, el «espacio-tiempo». Por tanto, nunca podemos hablar de espacio sin tiempo, y viceversa. Además, no existe flujo universal de tiempo; es decir, el tiempo no es lineal ni absoluto. El tiempo es relativo." y continúa diciendo: "...*Einstein postuló que todas las formas de radiación electromagnética pueden aparecer no sólo en forma de ondas, sino también como cuantos*[2a]. Estos cuantos luminosos, o paquetes de energía, han sido aceptados como auténticas partículas. Llegados a este punto, una *partícula*[2a], que es la definición más afín a la de una «cosa» *¡es un paquete de energía!*[2a] A medida que penetramos más a fondo en la materia, la naturaleza no nos muestra ningún tipo de «bloques básicos» aislados, como sugería la física newtoniana. La búsqueda de los bloques fundamentales de la materia hubo de ser abandonada cuando los físicos encontraron un gran número de partículas elementales que apenas podían calificarse como cuerpos materiales. Por medio de los experimentos realizados durante las últimas décadas". O sea que la materia es *energía densificada*.

Todos los sistemas creados por mí se basan en la *teletransportación de partículas*. Lo que se trasporta es la información que viaja a mayor velocidad que la luz y en muchísimos estados al mismo tiempo. Como la información se mueve en distintos espacio-tiempo, mundo paralelos y dimensiones, al bio-recodificar nuestro ADN Vibracional tenemos la capacidad de desarmar y/o limpiar y/o transformar las existentes en sus múltiples orígenes (infinitas vidas pasadas y ancestros) y crear nuevas partículas y por lo tanto una nueva realidad en el aquí y ahora. Afortunadamente la física cuántica da hoy las respuestas científicas a los procesos que brindan los mencionados sistemas. Como los mismos son vivenciales al producir la transformación en las distintas dimensiones, espacios-tiempo y mundos paralelos el ego no interviene en ese proceso, excepto que para tener la intención de modificación es necesario sentirnos vulnerables (ver diagrama página 21).

Gregg Braden[2] en su libro *El Efecto Isaías* menciona "El premio Nobel de física Max Planck conmocionó al mundo con sus referencias a fuerzas de la naturaleza invisibles. Al aceptar el premio Nobel por su estudio sobre el átomo, hizo una afirmación importante: «Como persona que ha dedicado toda su vida a la ciencia más perspicaz, el estudio de la materia, todo lo que puedo decirles sobre el resultado de mis investigaciones sobre los átomos es lo siguiente:"¡La materia no existe!". *Toda materia se origina y existe sólo en virtud de una fuerza que hace vibrar las partículas de un átomo y mantiene unido al más diminuto de los sistemas solares, átomo...*[2a] Tras esta fuerza hemos de suponer la existencia de una mente consciente e inteligente. La mente es la matriz de toda materia»." Puede que la «fuerza» de Planck sea la clave para redi-

---

2 Gregg Braden, *El Efecto Isaías*

2a Letra destacada por Silvia Wachter

reccionar los resultados postulados por la ciencia y predichos por los antiguos profetas. Quizás el premio Nobel Richard Feynman fuera quien mejor describió el potencial de predecir nuestro futuro en su ahora famosa cita: «No sabemos cómo predecir lo que va a suceder en un momento dado. Lo único que se puede predecir es la probabilidad de que sucedan distintos acontecimientos. Sólo podemos predecir las excepciones». Según esta forma de pensar, está claro que la ciencia está investigando seriamente la relación entre las fuerzas no físicas del cosmos y su efecto en nuestro mundo físico."

2. Proceso de Unificación

La humanidad se encuentra ahora en pleno proceso de Unificación. En el plano físico se produce la unificación de todos nuestros cuerpos (físico, emocional, mental y espiritual) para finalmente lograr que aquello que sentimos y pensamos se manifieste en una acción y nos conectemos con la armonía innata al ser humano.

Recuerda que tu mente te limita. Recuerda y siente quien eres. Espiritu Divino manifestado en la tierra. Ven a nosotros al Padre/ Madre y penetra cada célula de tu Ser, del todo, del Universo mismo para que entregues la dicha y el placer de estar vivo en el planeta en estos tiempos de elevacion de conciencia a una Nueva Humanidad. La misericordia y la compasión están actuando continuamante en tu vida cotidiana por eso te diferencias de los otros y es esa energía lo que mueve la apertura de conciencia de los seres que te rodean. No necesitas nada. Todo esta dentro de ti. ¿Has recuperado tu sabiduría y tu perfección? Porque eres un Espíritu Divino con un cuerpo material. Es el tiempo de abundancia y prospedidad. ¿Para qué aún te niegas a ello? ¿Qué parte de tu conciencia aún no ha sido limpiada y purificada? ¿Para que te aferras al sufrimiento? El sufrimiento te ha servido por mucho tiempo como forma de manipulación inconciente sobre los otros. Es hora de despegar para que puedas volar como los pájaros y que solo la alegría y la felicidad se instalen en tu vida. Desde ahora, desde esta nueva completud de conciencia y de la integración de todos tus cuerpos bendice y agradece a cada instante lo vivido y Regozíjate con todo lo que tocas y todo lo que eres y/o piensas y/o crees que eres. Sabe que solo el reconocimiento de tu propia divinidad hará que muchos otros seres puedan verse reflejados en ti, tal como reflejas la sombra y reflejas la luz. ¿Recuerdas ahora tu origen Divino? ¿Recuerdas ahora tu conexión con la Fuente? ¿Recuerdas quién eres realmente? ¿Sientes el amor, el genuino amor y la comprensión del Amor del Universo en cada una de tus células? ¿Puedes experimentar la dicha y el gozo plenamente? Esa es tu tarea, esa es tu misión. Deja de sufrir…. Suelta todo aquello que ya no sirve… entrégate a la abundancia… desapegate de todo hasta de ti misma y vivencia cada momento como si fuera único y eterno. ¿Acaso existe el tiempo? ¿Hay un solo espacio??? Somos ahora. Unificados en la Integración y el Poder Divino.

En su libro Barbara Brennan[3] explica claramente el proceso de Unificación desde el punto de vista de la física: "El doctor en física David Bohm afirma en su libro The Implicate Order que las leyes físicas primarias no pueden ser descubiertas por una ciencia que intenta fragmentar el mundo en sus diversas partes. Bohm ha escrito acerca de un «orden plegado implícito» que existe en estado no manifiesto y que constituye la base sobre la que descansa toda realidad manifiesta. A esta última la denomina «el orden desplegado explícito». «Se considera que las partes presentan una conexión inmediata, en la que sus relaciones dinámicas dependen irreductiblemente del estado de todo el sistema… Así, somos conducidos a una nueva noción de integridad no fragmentada que niega la idea clásica de la analizabilidad del mundo en partes existentes de forma separada e independiente». El doctor Bohm afirma que el punto de vista holográfico del universo es el trampolín que facilita la comprensión de los órdenes plegado implícito y desplegado explícito. El concepto de holograma especifica que cada pieza es una representación exacta del todo y se

---

3 Barbara Brennan, *Manos que Curan*

puede utilizar para reconstruir el holograma completo. En 1971, Dennis Gabor recibió un premio Nobel por la formación del primer holograma. Era una fotografía captada sin objetivo en la que se registró un campo de onda de luz dispersa por un objeto, en forma de pauta de interferencia sobre una placa. Cuando se sitúa el holograma o registro fotográfico en un haz de láser o de luz coherente la pauta de onda original se regenera para formar una imagen tridimensional. Cada pieza del holograma es una representación exacta del todo y reconstruirá la imagen completa. El doctor Karl Pribram, afamado estudioso del cerebro humano, ha acumulado a lo largo de una década numerosas pruebas de que la estructura profunda del cerebro es esencialmente holográfica. Afirma que los estudios de muchos laboratorios, realizados mediante complejos análisis de frecuencias temporales y/o espaciales, demuestran que las estructuras cerebrales ven, oyen, gustan, huelen y tocan holográficamente. Seguidamente, la información es distribuida por todo el sistema de manera que cada fragmento puede producir el informe completo. El doctor Pribram emplea el modelo de holograma para describir no sólo el cerebro, sino también el universo. Afirma que el cerebro emplea un proceso holográfico para extractar información de un campo holográfico que trasciende el tiempo y el espacio." Más adelante continua diciendo respecto de los campos morfológicos: "Lyall Watson muestra un ejemplo de ello en su libro Lifetide: The Biology of Consciousness, en el que describe lo que ahora se conoce genéricamente como el principio del centésimo mono. Watson comprobó que, después de que un grupo de monos aprendiera un nuevo comportamiento, sus congéneres de otras islas próximas sin medios «normales» de comunicación también aprendieron repentinamente dicho comportamiento sin que en ningún momento se produjeran contactos directos. El doctor David Bohm afirma en la revista Revisions que ese mismo efecto es aplicable a la física cuántica. Según Bohm, el experimento de Einstein-Podolsky-Rosen demostró la posibilidad de conexiones no locales, es decir, sutiles conexiones de partículas distantes. En consecuencia, la integración del sistema sería tal que no se podría atribuir el campo formativo exclusivamente a una partícula, sino al total. Así algo que les suceda a partículas distantes puede afectar al campo formativo de otras."

O sea que de acuerdo al Dr. Bohm materia, mundos paralelos, universo y conciencia están unificados y no pueden separarse.

¿Qué significa el principio del Centésimo Mono con respecto a la bio-recodificación del ADN Vibracional? Cuando una persona recodifica su ADN Vibracional envía una nueva frecuencia electromagnética a su entorno modificándolo y colaborando para que toda la comunidad tenga una mejor calidad de vida de todos.

El Teorema de Bell, creado por el físico J. S. Bell, matemáticamente comprueba que las partículas están conectadas más allá del tiempo y espacio. El teorema implica que el efecto que una partícula afecta a las demás es instantáneo y no necesita del tiempo, la velocidad es superior a la de la luz y tienen incidencia en el todo, en los otros y en nosotros. Somos un Todo. Esto implica que lo que pensamos, sentimos y hacemos tiene incidencia directa en nosotros y en todo lo que nos rodea.

A esto se debe la eficacia del Sistema ON®, creado por mí hace varios años, cuyo objetivo es Unificación e Integración de todos los cuerpos, en todas las dimensiones, espacios-tiempo, estados de conciencia y mundos paralelos que a medida que se aplica, en sesiones de cinco a diez minutos, transforma la causa o el origen de la desintegración y desunión de nuestros cuerpos en este espacio tiempo (lo que se manifiesta en enfermedades, miedos, estrés, relaciones y situaciones no gratificantes entre otros).(Ver capítulo sobre Sistema ON® página 102).

El silencio interior es el camino para reconectarnos con nuestra esencia nuevamente, para ir percibiéndonos como Seres Divinos hechos a imagen y semejanza de Dios. Es en este silencio que se realiza la unificación del Ser, la reconexión con el Padre/Madre hasta sentirnos UNO con ellos. Ya no es necesario buscar afuera puesto que *Soy Uno con Dios y todas mis acciones surgen de mi esencia misma, finalmente Soy Uno con dios, con todo lo que me rodea, con todos los reinos, siento a cada instante en cada cosa que pasa a mi alrededor como si fuera yo mismo, porque el proceso de*

Unificación se ha realizado. son momentos en los que sentimos con total claridad esa sensación de Unificación y de amor a nosotros mismos y a todo lo que nos rodea.

El silencio interior no quiere decir dejar de hablar o de realizar cosas, o evitar estudiar, trabajar, reírnos, disfrutar, etc. significa hacer todo aquello que deseemos en silencio interior. Tratando de evitar cualquier "parloteo interno".

Estamos pasando de un sistema basado en la polaridad para volver hacia uno basado en la unidad, la unificación, la integración. Antes para sentir placer era necesario conectarse con el dolor, para sentir calma era necesario conectarse con el enojo. En la época actual esto ya está dejando de ser así. Cada vez más la humanidad esta comprendiendo el verdadero sentido de la Energía Crística y lo que el Maestro llamado Jesús (independientemente de la religión que uno profese) vino a mostrarnos y traernos a la conciencia esta energía de Amor Incondicional que está en cada uno de nosotros. En este momento se está produciendo el *descubrimiento de nuestra propia energía Crística* (esto es independiente de cualquier religión). Es esta una energía basada en el Amor Incondicional, que es el amor sin condiciones el que da sin pedir nada a cambio. Durante muchos años, las religiones se han encargado de hacernos creer que si nos "portábamos mal" seríamos "castigados" por Dios. Y nosotros, la humanidad toda, aceptamos a este "Padre castigador" y había que portarse "muy bien" para que El nos amase. Dios es Amor Incondicional y por lo tanto nos ama y acepta tal como somos. Estamos hechos a Su Imagen y Semejanza, por lo tanto somos seres perfectos y divinos. Así como creó nuestra luz ha creado nuestra sombra. La sombra son aquellos aspectos nuestros que durante tanto tiempo hemos tratado de ocultar. Cuando decidimos atravesarla, a jugarla por nosotros mismos nos estamos aceptando tal como somos. Y comienza en ese momento un atisbo de Amor Incondicional.

Todos los libros sagrados concuerdan en decir que "amemos a nuestro prójimo como a nosotros mismos". Amarnos a nosotros mismos es diferente que ser "egoísta" es comenzar a practicar el Amor Incondicional. Somos reflejos de los otros, aquello que más nos molesta de los otros es lo que forma parte de nosotros mismos, lo que más nos irrita en el otro es una característica que tenemos dentro y no nos atrevemos a mostrar por temor a ser rechazados, no amados, etc. Y es en ese momento, en el momento de la aceptación tal como somos, que comenzamos a "Ser". Y día a día vamos descubriéndonos y re-nacemos a una nueva mirada sobre nosotros mismos (basada en el Amor) y por lo tanto curamos y sanamos la relación con nosotros mismos y con los demás.

La sombra está en nosotros para "equilibrar" determinados aspectos nuestros. Si somos conscientes de para qué está este aspecto en sombra podemos incluirlo e integrarlo a nuestra vida.

Es en el momento de esta transición que cada vez más necesitamos ir profundamente dentro nuestro para re-encontrarnos con nuestro Ser. Es necesario poder limpiar, sanar y transformar conscientemente todas las improntas "negativas" (dudas, temores, rencores, ira, desvalorización, etc.) que están en la memoria celular de todos nosotros. Es necesario volver a integrarnos con la Fuente para poder sentirnos Uno con ella. Es hora ya de dejar la dualidad para pasar a la integración y unificación de todo nuestro Ser, de todos nuestros cuerpos (físico, mental, emocional y espiritual) en todos los espacios-tiempo, dimensiones y mundos paralelos.

A medida que las hélices de nuestro ADN se van activando, somos más conscientes de nosotros mismos y nos damos cuenta de que somos Seres de Luz encarnados en estos cuerpos materiales y que antes de encarnar en los mismos hicimos contratos y aceptamos programas durante muchos, muchos eones de tiempo para poder aprender (aprehender) determinadas lecciones que nos posibilitaban permanecer en el *antiguo sistema de la dualidad*. Así que para darnos cuenta de lo que la alegría significaba, era necesario pasar primero por el dolor. Para conectarnos con la abundancia debíamos experimentar primero lo que la escasez significaba. Solo dos hebras de nuestro ADN actuaban.

Es el momento de que activemos todas nuestras hebras (las que los científicos actualmente no saben para que son). Al poner en funcionamiento el sistema de apertura de 13 hebras de nuestro ADN comenzamos a formar nuestro Cuerpo de Luz en forma consciente.

Esta nueva apertura de las hebras de nuestro ADN nos permite pasar del sistema de siete chakras, al nuevo sistema de 13 chakras. Estos últimos están situados siete en el cuerpo físico y los restantes en los otros cuerpos. Son los chakras que nos conectan con el cosmos. Todo nuestro sistema glandular se modificará con la apertura a este nuevo sistema de chakras, se incorporarán glándulas y también se producirán modificaciones en nuestros cuerpos respecto a las medidas, peso y volumen de nuestros cuerpos físicos. Si bien a partir de la apertura al nuevo sistema de chakras no es necesario comer, defecar, orinar, etc., esto continuará en un principio porque el organismo físico lo necesita como forma de "anclar" la energía en el plano físico, ya que a medida que nuestro Cuerpo de Luz se expanda cada vez es más necesario tener profundas raíces en el plano físico para volver en total paz y armonía. Una bandera flotando en el aire debe tener una muy buena base para no volarse según la lleva el viento. Sólo así cada uno de nosotros vivenciaremos aquello con lo que vinimos a experimentar como una especie de "Contratos" o "Programas" al momento de esta encarnación y de las anteriores, teniendo ahora la posibilidad de elección de vida desde nuestro SER. (Ver contratos en página 92).

Transcurre un tiempo hasta que nos damos cuenta de quienes somos cósmicamente. Transcurre un tiempo donde la entrega y la confianza deben ser totales, ya que todavía no sabemos quiénes somos en realidad, no solo desde el punto de vista de nuestro ego, sino también en todos los niveles de conciencia o inconciencia y en todas las dimensiones. En cada una de nuestras encarnaciones hemos realizado "Contratos" y aceptado determinados "Programas".

Hoy sabemos que así es. Y es indispensable conocer conscientemente cuales fueron nuestros Contratos y/o Programas en esta encarnación para poder transformarlos y hacernos responsables de nosotros mismos desde nuestro SER (sin la influencia de vidas pasadas y/o ancestros) integrándonos y unificándonos para nuestro mayor bien y el de la humanidad.

✦✦✦

Es una sensación de vacío muy intensa cuando nos despojamos de todos los ropajes del ego y nos disponemos a reencontrarnos con nuestro Ser, ya que en los niveles muy internos de nuestra conciencia se produce un vacío, estamos sin "ilusión". Ninguna de las cosas conocidas tienen sentido, porque estamos en total unidad. Unidad con nuestro Yo Superior y nuestra propia Divinidad y no necesitamos nada más para darnos cuenta de que toda nuestra vida hasta ahora es una "ilusión" que nuestro ego forma para poder "vivir" de acuerdo a normas establecidas en los planos materiales. Es una falacia creer que somos solo eso.

En realidad, somos espíritus encarnados en este cuerpo físico al que debemos honrar y venerar como nuestro templo más sagrado. No hay principio ni fin. Todo es infinito. Tomamos la decisión de venir al planeta Tierra para conocer lo que el libre albedrío significa y hacer el servicio en este momento de total importancia para la humanidad, hemos olvidado que somos más que nuestro cuerpo físico....y a medida que vamos avanzando en nuestro camino evolutivo nos damos cuenta de que existen otras realidades y que éstas nada tienen que ver con aquello preestablecido.

✦✦✦

Muchas veces en estos años, tuve la sensación de que todavía no había llegado para mí lo mejor y siempre esperaba un poco más para lograr esto, o tener aquello, o fijarme un objetivo que de alguna manera me mantuviera en contacto con el hecho de estar viva.

Aún cuando tuve un accidente, donde pasé por el canal de Luz y sentí una paz, un amor, una plenitud indescriptibles con palabras (los médicos no entienden como salí ilesa del mismo: me atropelló un camioneta mientras cruzaba caminando una calle), gracias a ese accidente comprendí lo maravilloso de estar viva y supe que la vida es "ahora", desde ese momento y hasta ahora, nunca había podido percibir el "ahora". Esta es la primera vez que elijo y siento el "ahora".Y luego de muchas limpiezas, transmutación y transformación de mi ADN, siento y comienzo a comprender lo que significa. Despojada de miedos por aquello que supuestamente va a venir, sabiéndome total y absolutamente amada por el Padre/Madre Divino, sabiendo que Él y yo somos Uno, sintiendo mi propia Divinidad, este vacío que tantas veces experimenté en mi vida y rellené con la comida, saliendo corriendo a buscar más y más ocupaciones, a comprar, etc. ya no lo necesito cubrir con nada, puesto que el vacío se transformó en completud.

Dos caras de la misma moneda. Soberbia-humillación, pobreza-abundancia, tenacidad o falta de la misma, muchos miedos-libre de miedos, celos-ausencia de ellos. Hasta ahora vivíamos en la dualidad. Dos caras de la misma moneda y si no estaba en un extremo estaba en el otro. Si yo no me animo a jugar un papel, se lo hago jugar al otro. Si tengo un carácter violento (no aceptado por la sociedad) mejor ese rol se lo hago jugar a otro, así yo soy "buena" y todos me quieren y me aceptan. Hasta que sea conciente de mi propia violencia (mi aspecto en sombra) no estoy en condiciones de aceptarme y amarme tal como soy. Por lo tanto no puedo unificarme ni integrarme.

Durante mucho tiempo me pregunté para que había tomado yo tantos seminarios respecto de la sombra y había trabajado tanto con la mía (cosa que aún - y creo que siempre - sigo haciendo). Luego que comencé a recibir la información de cambio de ADN, me di cuenta que si no honramos nuestra sombra, si no la reconocemos como parte nuestra, como factor de equilibrio entre nuestras propias características, si no sabemos para qué forma parte nuestro, estamos siempre tironeado, juzgando a los otros (ya que ellos son nuestros espejos, aquello que más nos enoja o irrita o no nos gusta de ellos está siempre dentro nuestro de manera consciente o inconsciente). La aceptación de quienes somos es el comienzo de una nueva mirada de nosotros mismos y de quienes nos rodean.

Una de las primeras capas de la ilusión comienza a desvanecerse y entonces un pequeño atisbo de amor a nosotros mismos comienza a surgir, por lo tanto comenzamos a aceptar y a amar a los otros tal como son. Todos somos Uno. Cuando vemos la belleza de un paisaje o de un árbol o de las estrellas estamos percibiendo con amor esos aspectos nuestros que forman parte de nosotros mismos. También cuando en las grandes ciudades hay ruido, violencia, convulsión es el externo de nosotros mismos manifestándose.

Luz y sombra. Amo mi luz y amo mi sombra. Amo y agradezco a aquellas personas que han jugado todos aquellos roles que yo no me animé a jugar (miedos, indecencia, violencia, crueldad, escasez, abundancia, alegría, paz, plenitud, sanación, pureza, modestia, honestidad)

El Amor es la llave en la apertura a nuestro nuevo sistema de chakras. Es fundamental que nos amemos a nosotros mismos tal como somos.

¿Cuándo es el instante en que dejamos de culpar a los demás y nos hacemos responsables de nuestras propias elecciones? ¿Cuándo y para qué se produce un click en nuestro interior? ¿En qué momento cambiamos la perilla de encendido y ponemos otra frecuencia de onda? ¿Esta nueva frecuencia es mejor o peor? No lo sabemos, es distinta, dejamos de ser un disco o CD rayado para convertirnos y jugar en otra frecuencia, otro rol, una nueva actuación de quienes somos, para abrirnos un poquito más a nosotros mismos.

Este cambio de frecuencia implica un montón de transformaciones, a veces muy internas, muy profundas, de esas que las personas que nos rodean no se dan cuenta pero que nosotros tenemos la certeza de que realmente somos distintos. Una nueva mirada sobre nosotros mismos y los otros. Y también hay cambios en nosotros que otros notan y manifiestan, cambios y transformaciones de viejas creencias y emociones para dar lugar a lo nuevo. Nuevas creencias basadas en el Amor Incondicional y en nuestra propia Divinidad.

Esperamos en general una respuesta del afuera, que nos digan, nos sugieran, para saber que nos va a pasar, acudimos a parientes, amigos, terapeutas, videntes, tarotistas, etc. *La respuesta está dentro de nosotros mismos*. Cada uno de nosotros debería desarrollar la capacidad de encontrar su propio camino. Estando Unificados e integrados tenemos la oportunidad de co-crear nuestra vida, eso se manifiesta. Tenemos el *Don* y la *Gracia* de la *manifestación*.

¿Cuántos de nosotros ponemos en práctica este Don, este poder de manifestación? ¿Cuál es el inconveniente que tenemos para no ponerlo en práctica conscientemente? El miedo, el miedo a vivir gozosamente con aquello que creamos, miedo a perder el reconocimiento de los demás, miedo a perder el control, miedo a ser aquello que deseamos ser, miedo a mostrar nuestro poder, miedo a ser libres y tantos otros… *El miedo es la falta de amor*. Además, si somos capaces de manifestar todo aquello que deseamos ¿para qué vamos a necesitar un Padre/Madre? ¿Cómo sería caminar solos y hacernos responsables de nuestro propio camino elegido y manifestado?

✦ ✦ ✦

La defensa del amor entre los hombres lo hace ver en otro espacio y lo condiciona a su mas elevado concepto. En lo grandioso de la vida la alegría y la felicidad del amor es la base de todo el espíritu divino.

La mejor manera de honrar al Padre/Madre es amarte a ti misma. Seres alados de Luz colaboran hoy con la co-creación y la manifestación de tu tarea. Muchas veces has sentido la soledad del alma cuando estás en conexión con nosotros. Es un vacío de la tierra. Es el vacío del inmenso corazón de Dios que nos guía en nuestra completud. En estos días de gloria vivencia la más grande gracia de haber nacido.

✦ ✦ ✦

¡Milagro el haber nacido! Y agradecimiento a los seres que han compartido mi camino. Busco dentro de mí la Sabiduría perdida entre mis registros Akashicos. La Bienaventuranza está en Todos.

Somos hoy el resultado de nuestra vida actual y de nuestras vidas pasadas (y si no crees en las vidas pasadas: son patrones que tenemos en niveles inconscientes) y de nuestros ancestros. El tiempo es lineal para la humanidad, pero en realidad no existe el pasado, ni el presente ni el futuro, co-existimos en distintos espacios-tiempo, distintas dimensiones y mundos paralelos al mismo tiempo. *Einstein descubrió que el tiempo y el espacio son relativos* mediante muchos experimentos que realizó uno de los cuales fue la observación de trenes que ingresaban en una estación ferroviaria.

Es hora de despertar a un nuevo estado de conciencia y de saber quiénes somos en verdad más allá de nuestro cuerpo físico. LA VERDADERA ENTREGA ES LA QUE PERMITE A TU SER DESARRO-LLARSE EN SU EVOLUCIÓN.

Las antiguas civilizaciones (atlantes, lemurianos) tenían una conexión especial con los devas y las hadas, ya que formaban parte de su cotidianeidad como así mismo se comunicaban entre si telepáticamente. En la actualidad también. La diferencia es que la mayoría de nosotros ha olvidado la capacidad que todos tenemos para verlos y/o sentirlos, cada vez más percibimos la existencia de estos seres que siempre están disponibles para nosotros. Son Jerarquías de mucha Luz que están a nuestro servicio y que solo si nosotros hacemos el pedido de su asistencia pueden actuar. De lo contrario estarían interfiriendo en nuestro libre albedrío. Algunos de nosotros los percibimos porque los vemos, otros los escuchamos, otros tenemos sensaciones distintas en el cuerpo. Ellos están siempre con nosotros.

✦✦✦

En el instante de la Luz del Padre/Madre busca el amor en todo lo que haces y desde este amor es que podras llevar la nueva tarea a la acción.

En el retiro de tu alma glorifica al Padre/Madre interno y permite que la libertad se manifieste en todo lo que realices.

En el instante sagrado del ahora, bendice y agradece con compasión y humildad esa chispa Divina que eres y encuentra la alegría a cada paso.

Busca y encuentra dentro tuyo la unificación con lo Divino y lo Sagrado que hay en ti y bendice a los seres que han estado presentes en tu camino hasta ahora y a todos los que vendrán.

Todo lo que sentimos y pensamos es un acto creador no importa si es bueno o malo. Estos actos se graban en el registro akáshico: es el registro de nuestras experiencias. ¿Cuál es la diferencia de los registros akáshicos con los discos solares? Estos últimos son un adicional a la información que figura en el registro akáshico. En los discos solares se guarda todo el desarrollo científico y espiritual que era de la civilización lemuriana. Ellos desarrollaron la unificación del conocimiento científico espiritual con todo el universo. Los discos guardan información de técnicas y prácticas científico-espirituales en conexión con la totalidad: lo científico es bueno cuando el espíritu lo guía, una energía no puede separarse de la otra. En el momento en que comenzaron los movimientos que dieron origen a la caída de la Lemuria, los sacerdotes comprendieron que debían guardar esos discos en diversos lugares para resguardar la información que contienen hasta el momento del renacer de la humanidad a un nuevo estado de conciencia. Es por eso que existe una Red del Tiempo de 13 discos solares relacionados al disco solar original de la Lemuria. Esa información fue guardada en 12 partes (discos) y uno adicional que es el que armonizará y activará a los otros en el momento en que el tiempo real del universo y el tiempo alternativo del planeta tierra se sincronicen. **El Sistema ON®** integra y unifica nuestros cuerpos sutiles y físico, mental y emocional con energía sagrada y activa en nuestro campo electromagnético toda la información de los Rayos de Energía Divina en conjunción con la que contienen los Discos Solares. Estos tienen vida propia, son inteligentes, tienen la capacidad de bilocarse, proyectarse a otro espacio y tiempo e interactuar con nuestro propio ADN y nuestros Registros Akashicos. Podemos ser conscientes o no de la activación de cuál de los Discos o Rayos Divinos esta interactuando con nosotros. Cada Disco Solar y/o Rayo tiene una cualidad e información de lo que necesitamos para nuestra evolución y expansión de conciencia a nivel planetario. Cada Disco Solar tiene un nombre y emite un sonido o mantra de la Red del Tiempo. Son doce y actúan como una escala cromática compuesta por 12 notas (las siete notas habituales más tonos y sobretonos). Es entonces, que el disco numero 13 actúa como un armonizador a nivel del sonido. Así por ejemplo el disco solar de Cueva de los Tayos trabaja con nuestra alma y su conexión con el elemento tierra, liberando así todos nuestros sufrimientos a nivel álmico insertos en nuestro ADN y la prepara para las nuevas formas de vida en el planeta.

En cambio, el que está ubicado en Venezuela trabaja con todo lo relacionado con el aspecto femenino, manifestándose en nosotros mediante procesos de Perdón, Misericordia y Gracia Divina. El disco solar ubicado en la Antártida es la base del conocimiento y sabiduría de toda la humanidad. Allí está inserta la memoria de toda la humanidad para que esta recuerde su origen divino. El que está ubicado en La Aurora (Salto-República Oriental del Uruguay) tiene incidencia en nuestra cura cósmica.

┄┄┄┄┄┄┄ ✦✦✦ ┄┄┄┄┄┄┄

En la mente de los hombres solo cabe hoy convocar a la Providencia Divina para co-crear el Espíritu Divino en la tierra. En el corazón del centro galáctico, en la infinitud de tu propio corazón estamos siempre presentes para estar contigo y acompañarte en la nueva etapa. En el espíritu divino que tu encarnas podrás reconocerte como parte integrante del cosmos. Has sido sostén de la energía de la Luz en momentos de mayor necesidad energética. Has colaborado para que se instale la nueva energía de la transformacion y ahora es tu paso dimensional a una nueva conciencia. Solo tu Luz que es la del Padre/Madre te ilumina.

┄┄┄┄┄┄┄ ✦✦✦ ┄┄┄┄┄┄┄

3. ¿Cómo se relaciona la abundancia con nuestro ADN?

El estado en que la mayoría de la humanidad vive es el resultado de la creencia de la pérdida del poder.

Debido a que creemos que somos poderosos para cambiar nuestras circunstancias, elegimos aceptar nuestras experiencias de vida sin cuestionarlas.

El verdadero poder es el que viene del alma en total conexión con lo Divino.

Tenemos incorporados en nuestra estructura biológica el concepto de que nos dieron la vida como intercambio para "ser usados" (utilizados) en muchas formas y por lo tanto creamos la noción de karma y amor condicional. Dentro de nuestro karma genético hay muchos patrones relacionados a esto. Creemos que para poder comer, tener vida y disfrutar debemos "ser usados" (utilizados). Nos "usamos" unos a otros en vez de intercambiar Amor Incondicional. A partir de la transformación de nuestro ADN comenzamos a formar nuestra forma cristalina (nuestro Cuerpo de Luz) y podemos trascender nuestras limitaciones biológicas y emocionales.

La forma cristalina da origen a la restitución-restauración del poder en nosotros. A medida que nos sentimos más poderosos comenzamos a creer que podemos cambiar el escenario de nuestra vida y de esta manera obtener nuestras metas.

Nuestra concepción habitual de "tener que pagar" y "trabajar duro" para subsistir viene de los patrones genéticos de nuestro ADN. Creemos que aquellos de nosotros que no podemos pagar estamos abandonados a la pobreza y a la escasez (en todas sus manifestaciones: salud, amor, dinero, relaciones, etc.) y aquellos que tenemos ganancias tenemos la posibilidad de acumular. En la época de los atlantes, debido a la *conciencia plena cristalina encarnada*, no tenían que pagar para subsistir ya que todas sus necesidades eran cubiertas por la estructura de la sociedad.

La parte natural del cuerpo cristalino es ejercer la función basada en el Amor Incondicional. Dentro del paradigma del Amor

Incondicional el dar y el recibir están equilibrados. El Amor Incondicional es el amor que no requiere ser ganado o merecido. Está más allá de nuestras preferencias personales y de nuestros juicios. No pide nada a cambio. SOLO ES. Así por ejemplo como reconocemos nuestros dones y talentos, estamos automáticamente recompensados teniendo cubiertas todas nuestras necesidades.

Mientras más conscientes somos de nuestra limpieza y purificación mas transformamos nuestro ADN. Por lo tanto transformamos nuestra forma cristalina, los patrones emocionales ancestrales son limpiados, dando nacimiento al equilibrio entre el dar y el recibir en nuestra vida.

Esto se traduce en que cada uno de nosotros recibirá una compensación igual a la tarea realizada *sin ningún tipo de esfuerzo.* Esto pondrá fin al concepto por el cual existe inequidad por la suma de tiempo y energía dada a cada proyecto. Como este balance está relacionado con cada uno de nosotros, la escasez generada por la codicia y acumulación llegara a su fin.

Es frecuente que los iniciados en el camino espiritual tengan dificultades para solventar sus necesidades. Esto trae aparejado a veces, pocas o grandes sumas de deudas. Estar en deuda con alguien es el resultado de la creencia que para subsistir uno debe pagar o deberle a alguien. A medida que comenzamos a transformar nuestro ADN, el estar en deuda con alguna persona es trascendido y todas las deudas son liberadas en el nivel energético y kármico, lo cual conduce a la cancelación de todas las deudas en el plano físico. Superamos la bancarrota luego de trascender la creencia de estar en deuda. El grado de liberación de las deudas ocurre de acuerdo al tipo de iniciación que le corresponda a cada individuo (a veces para algunos en la apertura a las 108 vibraciones, para otros en la iniciación a las 1024 vibraciones u otras y aún para algunos hasta realizar un trabajo de análisis).

A medida que la humanidad trascienda esta creencia todo el sistema bancario colapsará y cuando esto suceda comenzaremos a utilizar el sistema de trueque e intercambio. Esto dará lugar al origen de la igualdad en el intercambio de energía o equilibrio en el dar y el recibir. Por ejemplo: Amor Incondicional.

4. La Nueva Energía

«Un ser humano es parte del todo que llamamos universo, una parte limitada en el tiempo y en el espacio. Está convencido de que él mismo, sus pensamientos y sus sentimientos, son algo independiente de los demás, una especie de ilusión óptica de su conciencia. Esa ilusión es una cárcel para nosotros, nos limita a nuestros deseos personales y a sentir afecto por los pocos que tenemos más cerca. Nuestra tarea tiene que ser liberarnos de esa cárcel, ampliando nuestro círculo de compasión, para abarcar a todos los seres vivos y a toda la naturaleza». Albert Einstein

4.a. Generalidades

Una de las contribuciones más importantes de Gautama Buda a la vida espiritual de la humanidad fue el insistir a sus discípulos: "Sé una Luz para ti mismo". Esencialmente, cada uno de nosotros debe desarrollar dentro de sí la capacidad de encontrar su camino a través de la oscuridad sin ninguna compañía, sin mapas o guías para llegar a la LUZ de nuestra Esencia Divina.

--- ✦✦✦ ---

Mira la Luz y obsérvala. Penetra en ella y hazte Luz. Porque la Luz y yo somos UNO. *Porque yo Soy el que Soy. Mira y espera. Aquiétate. Confía y aguarda. La bienaventuranza y la plenitud llegan a ti cuando permites que penetre en ti. Aquiétate y sabe que eres uno conmigo. Percíbeme y siénteme. Acéptame y acéptate tal como eres.*

--- ✦✦✦ ---

Es tiempo de confiar en nuestras percepciones. Desde siempre, consciente o inconscientemente el ser humano las ha tenido.

El hoy es el resultado de muchas vidas anteriores (sean estas reales o solo un cuento que ideamos para hacer conscientes aspectos que yacen en nuestro inconsciente). Somos el resultado de muchos eones de tiempo y algunos de nosotros ofrecimos al nacer en esta encarnación nuestro servicio desinteresado para colaborar con el plan de ascensión y el cambio de conciencia del planeta tierra. Que en realidad es el plan de ascensión de todo el cosmos. Porque estamos en red cósmica e interplanetaria. Todo aquello que sucede en una dimensión sucede a la vez en muchas.

Insertos en esta red interactuamos en distintas dimensiones, espacios-tiempo y mundos paralelos. No hay tiempo ni espacio.

En la vida terrestre es necesario pensar en el tiempo lineal. Pero esto no es necesario en otros espacios. Es el tiempo de liberar todos las cosas negativas que hemos estado acumulando en nuestros aprendizajes para conectarnos profundamente con nuestro Ser y volvernos a integrar y unificar. Es necesaria la liberación de todas las improntas negativas incrustadas en nuestra memoria celular que proviene de nuestro ADN Vibracional para nacer a una nueva vida, libre de sentimientos y pensamientos que impiden vivir en total abundancia y prosperidad en todas sus expresiones desde nuestro Ser, sin interferencias de los ancestros o vidas pasadas.

La abundancia se manifiesta de muchas maneras: en las relaciones, en el dinero, en la salud, etc. Solo estando unificados con nuestra propia Divinidad, esto es con la unificación de todas nuestros cuerpos y de todos nuestros aspectos en todas las dimensiones, espacios-tiempo y mundos paralelos podemos ser libres y desplazarnos a distintos lugares en el momento que lo deseemos. En el nuevo orden nos trasladaremos al lugar o situación en la que queramos estar con el solo hecho de tener la intención. Si queremos y elegimos que todo sea perfecto (y no nos asustamos por ello) así es. Así es. Esta perfección es la que viene del alma, sin interferencia del ego, de nuestra mente, con los nuevos programas y contratos elegidos por nosotros mismos desde nuestro libre albedrío, sin interferencia de ancestros ni vidas pasadas.

Somos lo que nuestra mente cree que somos. Hay una frase de Henry Ford que dice: "tanto si crees que puedes como que no puedes, estás en lo cierto". Cuando tenemos la certeza que viene de nuestro Ser, de aquello que realmente somos podemos ver la Luz dentro nuestro, despojándonos de todos nuestros miedos, dificultades y limitaciones. Somos inmortales. Somos espíritus encarnados en un cuerpo físico. Somos energía densificada como lo es todo lo que nos rodea en este plano, en este espacio tiempo.

Desde la física cuántica hay explicaciones basadas en leyes que mencionan que nuestros cuerpos son campos electromagnéticos que están combinados con los campos electromagnéticos del planeta tierra y de todas las especies que lo componen. Todo el universo está formado por campos electromagnéticos. Es en este proceso que comenzamos a cambiar la polaridad de todos nuestros cuerpos, unificándolos e integrándolos, y esto trae aparejado la armonía y la paz.

El deseo de nuestra alma (no de nuestra mente) es lo que se manifiesta en el plano físico. Muchas veces me pregunte por qué no podía acceder a determinadas cosas si en la realidad somos co-creadores con el universo. La co-creación es la conexión que todos tenemos con nuestro ser interior y solo acallando nuestra mente y emociones logramos conectarnos con lo que nuestro Ser necesita realmente (sin espejismo e ilusiones). Cuando estamos en total sintonía con nosotros mismos (con nuestra esencia) unificados e integrados podemos manifestar en el plano físico aquello que deseamos.

Las dudas dan lugar a la certeza que viene del alma y unificados con nuestro Yo Superior podemos manifestar todo aquello que deseamos. La ascensión a otros estados de conciencia es un camino de reconocimiento interior y de conexión con nosotros mismos desde el Amor Incondicional, el amor sin condiciones, ese que da sin pedir nada a cambio.

¿Cuándo pasa algo que me duele…me pasa a mi o a mi ego? Vivenciar el dolor es por ahora parte de la dualidad para reconocer la ausencia del mismo. ¿Hay algo o alguien que quiera castigarnos a través del dolor? Osho dice en una de sus cartas relacionada con el dolor: "El dolor no es para hacerte sufrir, ¡el dolor es para hacerte más consciente! Y cuando eres consciente la miseria desaparece" y continua diciendo…" Las épocas de mucho dolor tienen el potencial de ser épocas de gran transformación. Pero, a fin de que se produzca la transformación, debemos ir profundamente a las mismas raíces de nuestro dolor y experimentarlo como es, sin quejarse o teniendo pena de uno mismo"

Las herramientas con las que accedemos al reconocimiento de nuestro Ser son variadas y dependen de las necesidades del mismo. Hay muchas técnicas para desbloquear todo aquello que está estancado o bloqueado en nuestro interior. Estos bloqueos provienen de nuestros registros akáshicos. En ellos está toda nuestra memoria de eones de tiempo transcurrido.

A medida que nos internamos en este viaje interior vamos redescubriéndonos como seres totales y somos Uno con Dios. Está dentro nuestro, en cada uno de nosotros así es tan "importante" un mendigo, como una persona rica, un avaro, como un desprendido de dinero, un celoso, un traidor, un noble, un puro, etc. Todos Somos Uno. Cuando nuestros cuerpos se unifican logramos una expansión de conciencia tan grande que podemos mirar de otra forma a todo lo que nos rodea. Vemos la mano de Dios (más allá de religiones y creencias) en todas sus manifestaciones: en una rosa, en el ruido de los coches en una gran ciudad, en un paisaje silencioso, en un niño, en la tecnología, todo es perfecto. Nos reconocemos como seres perfectos, hechos a Su imagen y Semejanza, con luz y sombra, incorporando y honrando todos nuestros aspectos, aun aquellos que no nos gustan.

La Luz del Padre/Madre ilumina nuestro camino en el caos que nos rodea, sabemos que somos ilimitados y que todo aquello que antes nos limitaba puede modificarse, cambiarse, desestructurarse, con la integración, con la unificación, riéndonos y amándonos a nosotros mismos. Solo así se produce la ascensión. Muchas veces mi mente me juega "en contra" y comienza a cuestionar cosas. En esos momentos, sólo observo todo esto y trato de desapegarme de esas ideas y de mis viejos parámetros de conducta (pobre de mí, baja autoestima, miedos, etc.) Miro el aspecto. Le digo." ¡Apareciste otra vez! Te amo" le dedico entonces las mas maravillosas de mis sonrisas y gozo.

Cuando nos conectamos con quien realmente somos (mas allá de gordos, petisos, altos, muy delgados, celosos, agresivos, buenos, dulces, honrados, prejuiciosos, miedosos, envidiosos, etc.) nos maravillamos de nuestra **"perfección"**. *La perfección es distinto a no equivocarse nunca.* Cuando más nos permitimos equivocarnos, más nos aceptamos tal como somos, el sentimiento de frustración va desapareciendo, comenzamos a tomar más riesgos y dejamos de enjuiciarnos a nosotros mismos, y por lo tanto a los demás.

Somos hacedores de nuestra propia felicidad. Durante mucho tiempo los centros de poder, para tener el dominio de todos, nos inculcaron que si nos "portábamos mal" Dios se enojaba con nosotros y nos castigaba. Nosotros les creímos, como así también creemos hoy que el comprar y acaparar cosas, el tener dinero, el avasallar a los otros nos hace importantes. Toda la sociedad actual, sociedad de consumo, nos va alejando más y más de nuestro propio Ser y nos hace creer que no valemos lo suficiente si no tenemos lo que la sociedad requiere. En realidad somos esclavos de esta creencia, ya que en el afán de "cumplir con todas las consignas del exterior, cada vez nos desconectamos mas de nuestro propio poder (el poder que viene del alma, el que no manipula porque está basado en el amor y comprende que solo desde el amor podemos volver a nuestra fuente). Toda la sociedad de consumo nos obliga a entregar nuestro propio poder, ya que nos produce una baja estima importante si no llegamos a los parámetros aceptados.

De acuerdo a Elizabeth Vargas Ramírez "…mientras los patrones energéticos se van transformando también lo van haciendo los patrones de conducta y de personalidad del individuo, lo que invita a otras frecuencias del entorno a interactuar continuamente atrayendo nueva información"

Es en estos momentos que el consciente de las personas comienza a abrirse para experimentar el Amor Verdadero. Con muy pocas medidas y esfuerzo se manifiesta aquello en lo que estamos pensando, siempre que este unificado con lo que sentimos. La física cuántica, en la actualidad, está dando respuestas científicas a muchas técnicas muy antiguas. Desde ese entendimiento, el Ser Humano comienza a darse cuenta de quién es y cuál es el sentido de su vida en el planeta, independientemente de a que religión pertenezca o practique.

Tenemos innatamente la capacidad de visión remota. Con el paso del tiempo, las circunstancias y las transformaciones del ser humano, se fue restringiendo el uso de esta cualidad innata. Para demostrar su poderío, distintas religiones fueron suprimiendo y reprimiendo estos dones, tal es el caso por ejemplo de La Inquisición en la Edad Media: en nuestro ADN hay registro inconsciente de todas estas circunstancias penosas en que este recurso maravilloso fue bloqueado, por el cual nos resistimos a hacer uso consciente del mismo por miedo al castigo.

En este nuevo estado de conciencia plena el ser humano aceptará más la capacidad de traslado de nuestra conciencia y ver lo que acontece en los tiempos y espacios llamados "pasado" y "futuro"

Se describe esta capacidad de todos los seres humanos muy claramente en el libro "Manos que curan"[4] : "El fenómeno del aura se encuentra claramente dentro y fuera del tiempo lineal y del espacio tridimensional. La «flecha» del amante se puede percibir en el campo energético actual, aunque el clarividente puede retrotraerse aparentemente en el tiempo y ser testigo del acontecimiento en el momento de producirse" y prosigue "Muchísimas de las experiencias relatadas en este libro requieren más de tres dimensiones para ser explicadas; muchas de ellas parecen resultar instantáneas. La capacidad de ver en el interior del cuerpo a cualquier nivel con resolución variable implica el uso de dimensiones adicionales. La capacidad que se precisa para percibir sucesos del pasado mediante el sencillo procedimiento de solicitar información, o para ver un acontecimiento probable y cambiarlo mediante la intervención en el proceso curativo, podría implicar un tiempo no lineal. La capacidad para ver un suceso que se producirá en el futuro va más allá del tiempo lineal… Desde el marco holográfico de la realidad, cada parte del aura no sólo representa el todo, sino

---

4 Barbara Ann Brennan, *Manos que Curan*

que, además, lo contiene. Así, lo único que podemos describir es nuestra experiencia con un fenómeno que observamos y creamos a un tiempo" y continúa diciendo: "Los científicos han utilizado términos como «probabilidades de interconexión» o «trama dinámica de pautas energéticas inseparables». Cuando empezamos a pensar en términos de trama dinámica, todos los fenómenos aurales descritos en este libro dejan de parecer particularmente inusuales o extraños. Toda experiencia está interconectada. Por tanto, si tomamos conciencia de ello y acogemos esa interconectividad en nuestros procesos cognitivos, podemos ser conscientes de todos los acontecimientos con independencia del tiempo" y sostiene que "La conciencia holística estará fuera del tiempo lineal y del espacio tridimensional y, por tanto, no será reconocida fácilmente. Hemos de practicar la experiencia holística para ser capaces de reconocerla."

*Es el momento de la conexión con todo el cosmos y es en estos momentos en que la humanidad se dará cuenta, despertará al verdadero Amor, sin especulaciones ni manipulaciones. Somos bendecidos en todo el universo por la valentía de ocupar los lugares en el planeta cuyos designios nos comprometimos a afrontar. Somos perfectos y maravillosos. Somos Luz (integrando nuestra sombra) y aún no estamos con todas nuestras capacidades para ver como nuestra luz se expande a través de miríadas de tiempos y planetas, que en conjunción con este sagrado momento, invita a su hermandad en el camino del éxtasis del Amor Incondicional, para que la Luz sea Uno, porque único es el camino que conduce a ella, a la abundancia y a la prosperidad, solo tu Luz hoy es conocer el camino de "regreso a casa": **tu propio Ser***

Esta Luz se manifiesta de distintas maneras, a veces en la cara de un niño, una flor, una persona, una situación, etc. conectándonos con el Amor Incondicional y nos integra hasta llegar a la Unidad. Consolidar y ajustar esta Unidad es parte de la tarea cotidiana.

Llegamos a un punto donde la Luz "Es" y permanece por siempre. Llegamos al momento en que nuestro Ser entero se entrega al Padre/Madre Divino y se reconoce como parte de tal mas alla de razas, creencias y religiones.

Mira la vida con los ojos del Alma y solo así veras a Dios y a tu propia divinidad. Encuéntrame en cada espacio, en cada lugar, en cada Ser. Vibra como un niño en el gozo y la felicidad del ahora. Entrégame tus tristezas, penas y dolores y experimenta el ser. Solo así podrás llevar mi palabra a los otros. ¿Comprendes cuánto te amo? Solo abre tu corazón a mí y entrégate a la alegría.

En lo profundo de nuestro Ser reconocemos nuestra Divinidad y en ese re-encuentro con nuestra alma, nuestro corazón se abre a la Chispa Divina del Amor Incondicional.

Cuando sientes la fuerza del Padre/Madre en tu interior es que realmente eres Tú. Vibraciones cada vez mas elevadas y de Luz están llegando al Planeta porque somos los servidores de la Luz los que hemos hecho posible que las dimensiones se unifiquen. En estos nuevos tiempos la Luz estará con nosotros y dentro de nosotros permanecerá. El tiempo es Eterno como lo eres Tu .El momento es el AHORA y el AHORA es el Eterno presente. El "presente" es el regalo del AHORA, del estar vivo, buscando la intensidad de la vida y regocijándonos. El cuerpo que has elegido es tu Templo actual, cuídalo y protégelo como tu más bello tesoro.

La educación es una de las bases fundamentales de todo ser humano. No me refiero a la educación tradicional, que focaliza si el niño sabe o no matemática o lengua. La educación donde se consolidan los valores para la Nueva Humanidad, basados en el Amor Incondicional, la confianza en sí mismo y en el otro, la consolidación y unificación de todos los cuerpos. Los niños actuales ha encarnado en el planeta con los dones desarrollados: los niños cristal son puro amor para enseñarnos el verdadero amor; los índigos, encarnaron para consolidar nuevos paradigmas y colaborar con los cambios a un nuevo estado de conciencia. El sistema educativo actual no tiene en cuenta todas las capacidades y dones de estos niños, está basado en la mente y el triunfo o no de la persona depende de la nota que se saque en cada examen. No tiene en cuenta la integración del niño como parte de un todo. Por eso en general, los actuales niños se sienten incómodos y se aburren cuando van al colegio, se los priva de desarrollar todas sus cualidades y dones. Con las actuales normas de convivencia en las escuelas hay cada vez más agresión e inadaptabilidad en los estudiantes. El sistema educativo en general, no está respondiendo a estos nuevos seres que vienen para mostrarnos la Nueva Humanidad. Es por ello que hay tantos niños con afecciones y depresiones, muchos de ellos adictos a drogas y alcohol, porque allí encuentran temporalmente el alivio con su conexión álmica.

En lugar de enseñar en los colegio nuevas formas de conexión con el ser, por ejemplo a través de meditación, yoga, expresiones de creatividad de los niños, se los está intimando a que realicen el planteo o desarrollo de un ejercicio de matemática, cuando en realidad, muchos de estos niños ya conocen anticipadamente el resultado y no entienden para que tienen que desarrollar el planteo del ejercicio ni saben cómo hacerlo….¡¡¡ya saben el resultado!!! Para la educación actual, no importa lo que su Ser este necesitando, lo importante es que haga el planteo de matemática, con lo cual se logra dividir aún más al niño.

Alice A. Bailey expresa en su libro *"La Educación en la Nueva Era"*[5] : "La tendencia general de la educación deberá tener una orientación mas sicológica que en el pasado, y el reconocimiento adquirido quedara en este modo sujeto a su situación peculiar. Todos los niños poseen cierto acervo que debe enseñárseles a emplear y compartir con toda la humanidad sin tener en cuenta raza o nacionalidad. Por consiguiente, en el futuro, los educadores deberán insistir sobre:1)el desarrollo del control mental de la naturaleza emocional. 2)La visión o la capacidad de ver más allá de lo que es, hasta lo que debe ser. 3)El conocimiento heredado de los hechos, sobre lo cual se pueda construir la sabiduría del futuro. 4) La capacidad inteligente para manejar las relaciones y reconocer y asumir responsabilidades. 5)El poder para emplear la mente de dos maneras: a) Como "sentido común" (dándole a esta palabra

---

5 Alice A.Bailey, *La Educación en la Nueva Era*

su antiguo significado), analizando y sintetizando la información suministrada por los cinco sentidos. b) Como faro que penetra en el mundo de las ideas y de la verdad abstracta. El conocimiento proviene de dos direcciones. Es el resultado del empleo inteligente de los cinco sentidos y se desarrolla al tratar de captar y comprender ideas; ambos son complementados por la curiosidad y la investigación. La educación deberá comprender tres procesos; los tres son necesarios para llevar a la humanidad al punto preciso de su desarrollo. Primero, es ante todo el proceso por el cual se adquiere el conocimiento de los hechos pasados y presentes, y luego se aprende a deducir y a extraer de este conjunto de informaciones, gradualmente acumuladas, lo que pueda ser de uso práctico en cualquier circunstancia. Este proceso involucra los puntos fundamentales de los sistemas educativos actuales. Segundo, es el proceso mediante el cual se aprende la sabiduría como consecuencia del conocimiento, y se capta comprensivamente el significado que hay detrás de los hechos externos impartidos. Es el poder por el cual se aplica el conocimiento, de tal modo, que dé un resultado lógico una vida sensata y un comprensivo punto de vista, además de una conducta inteligente. Esto incluye también el entrenamiento para esas actividades especializadas que se basan en las tendencias innatas, en el talento o en el ingenio. Finalmente, es el proceso por el cual se cultiva la unidad o sentido de síntesis. A los Jóvenes del futuro se les enseñará a pensar en relación con su grupo, familia y nación donde el destino los ha colocado. Se les enseñará también a pensar también en términos de relaciones mundiales y a considerar a su nación en relación a las otras…"

Rudolf Steiner ha desarrollado la Pedagogía Waldorf, cuya base es la formación integral del niño con el objetivo de lograr la libertad y la responsabilidad individual y colectiva basada en la espiritualidad .A través de distintas técnicas basadas en el arte, la música, la pintura, la euritmia (creada por el mismo Steiner a partir del movimiento repetitivo relaciona el alma y el mundo externo, equilibrando el pensar, el sentir y la voluntad) en verdad, el objetivo es el desarrollo individual de los dones de cada niño. La educación basada en los Valores Humanos.

Durante muchos años he coordinado grupos de creatividad tanto a nivel empresarial e institucional como a nivel grupal general. En esta técnica de creatividad lo más importante es el proceso y no el objeto de la creación, en ese proceso individual que se genera a nivel grupal, no se juzga ni se evalúa lo que proviene de nuestra alma. Se trata de sumar en lo grupal todas las individualidades, independientemente de las dudas, las dificultades, los obstáculos que la tarea a nivel creativo o de interacción de los miembros del grupo planteen.

A partir de técnicas lúdicas, corporales, de relajación, visualización, entre otras, surge de nosotros aquello que nos conecta con nuestro Ser y descarta la mente lógica y racional que siempre está juzgando y censurando todo lo que hacemos. Lo más importante en este nuevo concepto de creatividad es lo que viene del alma. Cuando nos conectamos con nuestros aspectos más profundos nos trasladamos a esos otros estados de tiempo–espacio donde recordamos quienes somos. La creatividad es un aspecto muy importante en el desarrollo del Ser *y se produce por la elevación de nuestra vibración.* Tal como lo manifiesta Barbara Brennan[6] cuando hace referencia a: "Rupert Sheldrake llega, en el mismo artículo, a la siguiente conclusión: «Por tanto, el proceso creativo que provoca el nuevo pensamiento, a través del cual se realizan nuevas entidades globales, es similar en ese sentido a la realidad creativa que da lugar a los nuevos entes totales en el proceso evolucionista. Se podría considerar que el proceso creativo es un desarrollo sucesivo de totalidades más complejas y de mayor nivel, a través de cosas previamente separadas que se conectan entre sí»."

Al cabo de un tiempo me di cuenta que la creatividad es como la vida misma: lo más importante es el proceso y como transitamos su camino, sin la espera de resultados ya que cuando los resultados son los esperados estamos dando forma a una estructura determinada sin dejar fluir nuestra creatividad individual y por ende grupal. La creatividad se puede aplicar en todos los aspectos de nuestra vida y en todas las edades y en todos los lugares que de-

---

6 Barbara Ann Brennan, *Manos que Curan*

seemos, es por eso que estas técnicas creativas las he llevado a cabo en grupos de personas para diversión o bien para transformación y también en diferentes instituciones y empresas en distintos sectores y áreas con fines determinados de integración, desarrollo y eficiencia

4.b. El Sonido

Es el lenguaje de los sonidos lo que hará vibrar a todo el planeta.
Nos relacionamos con todo el universo a través del sonido.

Cuando utilizamos el sonido se abre la información que está dentro de nuestros cuerpos ya que el sonido penetra nuestra estructura molecular para que ésta se reformule, se alinee. Nos da la posibilidad de crear nuevas realidades. Es por eso que por ejemplo, las tribus antiguas al prepararse para la guerra cantaban cantos especiales ya que podían recrear otra realidad. El sonido penetra nuestras emociones y toda la memoria de nuestras células, incluso nuestra memoria cósmica.

A través de los tiempos en distintas civilizaciones, el sonido ha sido la forma de expresar tanto en forma individual como grupal el estado de ánimo de los seres humanos. Ha servido como preparación para la guerra, el amor, expresión de la alegría, de dolor, temores, símbolo de poder, sanación y comunicación. Asimismo el sonido creado tanto individual como grupalmente con una intención genera una columna vibracional que abre las puertas a la multidimensionalidad y al Poder tanto individual como grupal, ejemplo de ello es el poder de la oración en sus diversas formas (mantras, oraciones y cantos devocionales de distintas religiones, etc.).

El pensamiento, sentimiento y emoción son vibraciones que al proyectarse en la materia la modifican. A través de la oración o los mantras expresamos y unificamos todos nuestros cuerpos y accedemos a otra vibración, sanando nuestros cuerpos y cambiando el ambiente que nos rodea. Desde la física cuántica esto es el resultado ya creado en otro espacio-tiempo, siempre que estemos unificados y no se produzca la dispersión.

Los sonidos crean figuras geométricas. Cuando estas figuras geométricas son armoniosas los sonidos son curativos ya que las figuras geométricas son arquetipos que interactúan en diferentes dimensiones. Si estos sonidos están relacionados con nuestro propio campo electromagnético podemos conectar con elevados estados de Conciencia, por ejemplo: las distintas civilizaciones y pueblos indígenas (los incas entre ellos) utilizaban su propia voz con un sobretono o sea, emitir dos o más tonos distintos en octavas superiores a la base tonal de nuestra voz.

Cuando nos reunimos en grupo para emitir sonidos se genera una columna de vibración. Esto acontece por ejemplo en el caso de espectáculos donde los gritos y cánticos de los que concurren generan un ambiente determinado.

Así también el sonido se utiliza para generar caos e inseguridad en las poblaciones como método de manipulación de las masas. El sonido activa determinadas frecuencias, como estas frecuencias se conectan con nuestro ADN Vibracional y en él están insertas nuestras emociones y las pautas mentales ancestrales mediante determinados sonidos, por ejemplo las sirenas de las ambulancias, bomberos y policias, nos perturban y nos conectan con el miedo y el sufrimiento de hoy y ancestral. Lo mismo ocurre con el sonido que emiten determinadas canciones y músicas que desarmonizan nuestros cuerpos, quiebran nuestra aura y penetran suciedades astrales que producen un desequilibrio y llevan a la insalubridad en todos los niveles de conciencia y de dependencia de consumo de drogas y alcohol. Este ejemplo se aplica también a la televisión que emite vibraciones tanto sonoras como de imágenes que deja atrapado nuestro cerebro y lo aprisiona de tal forma que no podemos dejar de subyugarnos por la onda vibratoria que emite.

El Dr. Masaru Emoto[7] ha realizado investigaciones sobre el agua y ha descubierto que en la composición de la misma, ésta se convierte en bellísimas y armónicas formas cristalinas cuando es expuesta a cantos armónicos o música clásica y por el contrario sus componentes se desequilibran cuando se ex-

---

7 Dr. Masaru Emoto, *El Mensaje del Agua*

pone a música heavy. Si tenemos en cuenta que el 70% de nuestro cuerpo físico es agua....

A través del sonido dejamos nuestra mente (que responde al ego), los conceptos y prejuicios preconcebidos por nosotros y nuestros ancestros. Así describe Barbara Marciniak en su libro "*Mensajeros del Alba*"[8]: "Esta energía a la que llamáis sentimiento permite la lectura de signos y definiciones. Es, en realidad, una vibración. El sonido produce estados de sentimiento emocional. Cuando creas armonías de sonido, tu cuerpo recuerda algo. Recuerda la Luz, el profundo amor cósmico y otros mundos. El cuerpo se llena de gozo o, a veces, de abrumadora tristeza. Busca y accede a la frecuencia que anhelaba, y que el sonido le recuerda. Cuando permites que el sonido haga música con tu cuerpo descubres la frecuencia que buscabas. Esta frecuencia está conectada a la evolución de las hélices de tu cuerpo. El sonido es el vehículo o conducto que te conecta con los chakras superiores del exterior del cuerpo, porque no hay manera de acceder a ellos por medio de la lógica. Debes acceder a todas las frecuencias y a todos los chakras a través del sentimiento (y el sonido te conectará con él), lo cual te permitirá comprender la información." y prosigue: ".... Cuando realizas movimientos ondulantes con tu cuerpo o mueves las manos, puedes sentir el movimiento y el lenguaje del sonido. Al sentir cómo se expresa el sonido, experimentas la riqueza de esta forma de comunicación y la multidimensionalidad de las cosas. Tiene su propio lenguaje, y tiene una forma. El sonido lleva una cierta frecuencia, y el cuerpo la reconoce. El cuerpo tiene la clave para responder a la aceptabilidad de la frecuencia." Y respecto a los instrumentos ejecutados por el hombre y entonados con su propia voz, continúa diciendo: "Estas armonías se pueden utilizar de muchas maneras increíbles, ya que pueden hacer que una gran cantidad de cosas evolucionen. Una de las cosas a tener en cuenta al utilizarlas, es que hay que permanecer en silencio una vez que hayan concluido. Las armonías alteran

---

8 Barbara Marciniak, *Mensajeros del Alba*

algo; abren una puerta. Ciertas combinaciones de sonidos interpretados en el cuerpo humano permiten que la información y las frecuencias de inteligencia sean liberadas. Permanecer en silencio, durante un lapso prolongado de tiempo después de las armonías, permite a los humanos utilizar sus cuerpos como instrumentos de recepción y absorción de las frecuencias, haciendo uso de la respiración para entrar en un estado de éxtasis."

¿Cuál es el origen del sonido como forma de expresión y de sanación en la humanidad? Cada uno de nosotros tenemos inserto en nuestros cuerpos una *nota armónica arquetípica*. Esta nota es la memoria cósmica. Es el objetivo para el que encarnamos. Cuando se produce un desajuste entre la vibración de los cuerpos inferiores (físico, mental y emocional) y nuestra nota original armónica de nuestro Ser, se produce y manifiesta una enfermedad. Cuando se emite un sonido y al tomar contacto con la vibración del Ser, se curan y transforman los cuerpos.

Es por eso que encontré la respuesta a la sílaba que había en las Cartas vibracionales *de la Aurora*®[9]. Al principio no comprendía para qué esa silaba en uno de los lados de las cartas y para que el mantreo de la misma en esa frecuencia: para unificar la frecuencia vibratoria de los cuerpos con nuestro Ser. Ya está el CD con esa silaba realizada en música en clave de octava superior que es una clave que en la edad media prohibió la iglesia católica y que su sonido hace que se ingrese a un estado de conciencia expandida. A través del CD se emite un sonido (una silaba que figuraba en la carta original) en Do Mi Sol en una frecuencia en una clave de octava superior. Esta frecuencia y sonido combinados, van unificando nuestros cuerpos e integrándonos para lograr la armonía innata al ser humano y la conexión con estados de conciencia más elevados. El sonido del CD actúa en nuestros cuerpos por sí

---

9 Sistema de transformación cartas y esencias vibracionales *de la Aurora*® creado por Silvia Wachter para reconectarnos con la esencia de nuestro Ser .Ver más detalles en 3.4.c) Geometría Sagrada y en 4) Terapias Vibracionales − 4.1a) Las Esencias Florales Vibracionales

mismo. Si deseamos, podemos al mismo tiempo emitir la misma silaba tal como salga desde nuestro interior, muy probablemente al principio no sea igual al Do Mi Sol del CD, pero con el paso del tiempo iremos unificándonos, armonizándonos y transformándonos con el sonido que salga desde nuestro interior.

Según la clave 3-0-5 de Enoc[10] "EL KODOISH, KODOISH, KODOISH ADONAI ¨TSEBAYOTH¨ ES LA MEDIDA DEL CICLO Y RITMO DE TODOS LOS ESTADOS DE MATERIA/RADIACIÓN Y MAS QUE TODO DE LA RESONANCIA, LA CUAL ES EL FACTOR COMÚN QUE UNE LOS NIVELES VIBRATORIOS INFERIORES CON LOS NIVELES SUPERIORES DE LA CREACIÓN" y continúa diciendo "…incluso el ritmo cardiaco humano, con sus relojes biológicos, esta ajustado de acuerdo a la función de "¡Kodoish, Kodoish, Kodoish Adonai ¨Tsebayoth!" por lo tanto esta frase "….une a todos los biorritmos del cuerpo Sobreseer, para que todos los sistemas circulatorios operen con un ritmo cardíaco cósmico. El "¡Kodoish, Kodoish, Kodoish Adonai ¨Tsebayoth!" se da dentro de la quinta cavidad de la Gran Pirámide, la cual alinea el ritmo vibratorio cardíaco con los cinco cuerpos que operan dentro de la corteza bioquímica del hombre" y esta clave continua diciendo:"… Por lo tanto el "¡Kodoish, Kodoish, Kodoish Adonai ¨Tsebayoth!" es la medida central para las diez octavas contenidas dentro de las líneas de fuerza electromagnética, así como también para escalas adicionales de resonancia cromática que emanan ochenta octavas arriba y ochenta octavas debajo de nuestro lugar en el espectro electromagnético"…." Estas octavas son activadas por las *letras divinas Hebreas* que, a su vez, son activadas por su propio retículo[11], el cual es creado por Adonai Tsebayoth. Estas letras son formas pensamiento que crean un eslabón

---

10 J. J. Hurtak, *Las Claves de Enoc*

11 "Retículo: Un mosaico de geometrías especiales que permite tomar nueva forma a los pensamientos, las ideas y energías al estar en conjunción. Una muy elaborada serie de geometrías en forma de "red", tan exacta que cualquier parte por pequeña que sea puede expresar todo el complejo. Conjunto especial en forma de una escalera, de formas geométricas como una enredadera de un jardín que permite algunas formas de crecimiento y de evolución" *Las Claves de Enoc* (Glosario). J. J. Hurtak

eterno entre los diferentes mundos de tiempo"… "La forma pensamiento tiene un *poder-sonido básico* que es el equivalente de luz que opera en patrones relativos y la duración del acento tonal. De este modo, la combinación básica del retículo de las letras divinas, con todos los acoplamientos bilíteros, resulta en 484 combinaciones de "luz a sonido"($22^2 = 484$) o manifestaciones de poder sonido……Este tabernáculo de silabas-simiente es suficiente para representar los "cantos de ascenso", de modo que el alma del humano pueda encontrarse a sí misma en cada nivel de experiencia y en el cambio del "manto de Luz" al ascender del mundo de vibración al mundo de Luz…Y el "Kodoish, Kodoish, Kodoish Adonai "Tsebayoth" es la vibración central que coordina a todas las vibraciones con el vehículo espiritual del Hombre….Y se convertirá en la clave para la transformación del Hombre".

4.c. Geometría Sagrada

Todo el universo se comunica a través de la Geometría Sagrada. En el universo y en la tierra nos comunicamos a través de Geometría Sagrada. En ella está toda la información que nuestro ser necesita para transformar y transmutar todo lo que necesitamos y elegimos. A través de la manifestación de la Geometría Sagrada se activa nuestro ADN Vibracional y nos conectamos con nuestra propia Divinidad transmutando, transformando y liberando aquello que ya no nos sirve en este nuevo cambio de conciencia de la humanidad. Los pueblos antiguos como los mayas, los egipcios, los indios (Hopis entre otros) tenían ya la sabiduría respecto de como la Geometría Sagrada incide en nuestra vida cotidiana y cada color, cada forma nos conecta con aquello que debe ser sanado.

Cada objeto y/o ser vivo tienen una configuración geométrica única de acuerdo a su plantilla, si se modifica el campo de torsión del objeto/ser vivo también se transforma su plantilla (Ver "campos de torsión" en pagina 22).

De acuerdo a investigaciones realizadas por científicos rusos, algunos objetos con determinadas geometrías que siguen la Razón Áurea (triángulos, pirámides, espirales, entre otros) pueden modificar mediante los campos de torsión la realidad física. De lo que se deduce que ya que los campos de torsión son hiperespaciales también inciden en el ADN Vibracional.

Tal es el caso de las Estrellas *de la Aurora*®: las personas eligen desde su geometría, desde su propia conexión la Estrella adecuada para su dificultad de relación con algo (dinero, éxito, abundancia, prosperidad, salud, confianza, miedo, temor, dudas, etc.) o alguien (pareja, hijos, amigos, consigo mismo). La Estrella que han elegido (tanto la forma como el color) transforman los códices insertos en el ADN Cuántico, por lo que la geometría de la Estrella en cuanto a forma y color transforman su Ser y el ambiente donde se las coloca. A medida que nos conectamos con la Estrella (la miremos o no) actúa vibracionalmente y con el solo hecho de estar en los ambientes, va transformando el ADN y por lo tanto nuestros cuerpos y las situaciones.

Esta es también la base de las Cartas Vibracionales *de la Aurora*®. Cada una de ellas (en base a la Geometría Sagrada que tienen en su imagen) impacta, activa y transforma aquello que está inserto en el ADN Vibracional, ya que limpian en los distintos espacios–tiempo, dimensiones y mundos paralelos donde se produjeron los hechos relacionados a nuestros ancestros y a nuestras propias experiencias de vidas pasadas, que en este aquí y ahora inciden en nuestras circunstancias.

Estas son cartas de auto-transformación. No se interpretan. Es nuestro ego el que necesita la interpretación de la carta, nuestro Ser sabe lo que está transformando. Solo con elegir una o varias cartas para una pregunta la carta limpia y modifica de nuestro ADN Vibracional aquella impronta que esta obstaculizando nuestra propia conexión con nuestra divinidad, lo que significa vivir en abundancia y prosperidad permanente. Es esta la abundancia divina que hemos olvidado.

Las personas aprenden en un curso el uso de las Cartas Vibracionales *de la Aurora*® para consultar ellas mismas cotidianamente, para su propia transformación y recodificación del ADN Vibracional o bien facilitar a otras personas en sesiones individuales y grupales (que duran entre una y tres horas aproximadamente). Las cartas no contestan si, por ejemplo, vamos a casarnos o a encontrar pareja, recodifican en nuestro ADN Vibracional la causa que impide que realicemos esto. Se utiliza para enfermedades, resolución de conflicto, relaciones, miedos, etc.

Estas experiencias no son mágicas, la geometría de la carta se conecta con nuestra propia geometría o la de la persona o personas que consultan y las cartas multidimensionan al consultante a otros espacios-tiempo, dimensiones y mundos paralelos que dieron origen a la situación en este plano.

––––––––––––––––––––––––––––– ✦✦✦ –––––––––––––––––––––––––––––

El ser humano en su origen divino tenia dones que lo unificaban con la tierra, el universo, las galaxias. Vivía en armonía y en paz, honrando su propia divinidad y agradeciendo y bendiciendo todo lo que el universo/el mismo vivenciaba a cada instante. En algun recorrido del tiempo-espacio esto se quebró y nos olvidamos de nuestros dones divinos y sagrados. Es ahora el momento de la reconexión con nuestra propia Luz e Iluminación.

Esta Geometría Sagrada es lo que nos conecta con el Uno/Todo y esta manifestado en los vegetales, minerales, piedras, animales y en nuestros propios cuerpos, asi como en los edificios y todo lo que nos rodea.

La Geometría Sagrada es el lenguaje de la Luz. Es uno de los modos de evolución de nuestra conciencia hacia un nivel superior y de abrir nuestro corazón con el latir de todo el universo.

Nuestra vibración y nuestros cuerpos reciben y transmiten información a traves de mandalas de Geometría Sagrada que van siendo continuamente modificados o cambiados. Nuestras emociones y nuestros pensamientos son mandalas geométricos que se transmutan y comunican entre sí y con los otros seres.

––––––––––––––––––––––––––––– ✦✦✦ –––––––––––––––––––––––––––––

Ya en el año 1947 el científico Hans Jenny demostró que *la relación entre la forma y la vibración generaba geometría.* Esto es que nuestros pensamientos, emociones y sentimientos son vibraciones y por lo tanto generan consecuencias en la materia. Cuando nuestra vibración esta unificada, estamos creando nuestra propia realidad, la que deseamos y somos capaces de manifestar en el plano físico.

Cuando estas vibraciones están diversificadas, la energía se dispersa en distintos sentidos y no es posible la manifestación en el plano físico.

En su libro Barbara Marciniak[12] explica cómo funciona la geometría en nuestros cuerpos: "La inteligencia penetra en forma de ondas que hacen formas geométricas en la Tierra". Y continúa diciendo "…La inteligencia está más allá de la palabra hablada y de la palabra escrita, pues es la frecuencia que a veces llega en formas geométricas. Pitágoras empezó a percibir esto, pero su geometría no fue comprendida. La geometría es inteligencia que ha evolucionado, un recuerdo de experiencias que es capaz de comunicar enormes cantidades de información. La geometría: un glifo de información que alberga la frecuencia para ayudaros a albergar vuestra propia frecuencia". Esta es la razón por la cual las Cartas y Estrellas Vibracionales *de la Aurora*® dan excelentes resultados para la transformación de los cuerpos físico, mental y emocional al modificar el ADN Cuántico

De acuerdo a la Teoría del Centésimo Mono se comprobó la existencia de campos morfogenéticos o redes planetarias que se comunican y agrupan por medio de estructuras geométricas, las principales son siete, entre otros: los cinco sólidos Platónicos (tetraedro, dodecaedro, cubo, octaedro, icosaedro), la espiral y el círculo.

El planeta Tierra está rodeado de una red o matriz de Geometría Sagrada. Estas estructuras insertas en la rejilla planetaria se encuentran en todos nuestros cuerpos y en todo lo que nos rodea, se mueven a la velocidad de la luz. Esto conforma el Lenguaje de la Luz, compuesto por 144.000 sellos de energía cristalina e invisible. A través de este lenguaje de la Luz recibimos toda la información necesaria para nuestra evolución y desarrollo. Nuestra

---

12 Barbara Marciniak, *Mensajeros del Alba*

mente no interfiere y recodificamos nuestro ADN Vibracional y recordamos nuestro origen divino.

Pitágoras, el gran Maestro de la matemática, enseñaba en su escuela la relación de esta ciencia y su conexión con el ser humano universal y cósmico .Enseñaba que los números no eran abstractos, sino que tenían una relación con el universo. El número uno es la relación y unificación con Dios: nuestra propia divinidad. El número dos es la relación espíritu–materia. El tres es la manifestación de la Trinidad relación Padre-Madre-Hijo (independientemente de las Religiones, en todas las sabidurías antiguas aparece esta trilogía manifestada como fuente sagrada y divina). El número cuatro es la base de la Cruz como símbolo cósmico sagrado, no identificado con una religión en especial. La cruz significa más, es símbolo de poder y sus cuatro lados se unen en un punto que es la conexión con Dios como fuente inagotable de armonía, estabilidad y paz. Su Teorema del Triángulo manifiesta una relación de cualidades fundamentales relacionadas con la Belleza, la Verdad y la Bondad que se puede observar en el arte, la ciencia y las religiones.

El triángulo es la conexión con la Energía Divina y activa el Centro del Corazón. Produce estados de conciencia de amplia conexión con la Divinidad y de cambios vibratorios y energéticos en nuestros cuerpos.

El punto es la unidad, el comienzo, el Todo. Existe en otro estado de conciencia ya que no tiene dimensionalidad. Es la expresión de nuestro Ser.

El círculo es la manifestación de Dios que no tiene principio ni fin. Es exacto y perfecto. Incluye en sí mismo todos los sólidos Platónicos unificándolos e integrándolos. Es la base de la *Flor de la Vida*, la matriz universal de la vida y el universo. La Flor de la Vida es una matriz holográfica, unificación de todo lo creado y manifestado del universo. Es una esfera dentro de la cual se multiplican otras esferas que se entrecruzan y se relacionan, expresando cada uno de nuestros átomos a nivel cósmico y original. Este nivel de conciencia original es abundancia en todas sus manifestaciones. Las civilizaciones antiguas la utilizaban para sanar y rebalancear los cuerpos.

La pirámide se utiliza cósmicamente como una "gran unidad de conciencia" (tal como lo dice Bárbara Marciniak[13] en su libro), es una gran transmisora de energía y de comunicación de la tierra al universo. Su forma y ángulos son perfectos, es allí donde la energía se acumula pudiendo ser más o menos poderosa de acuerdo a donde se ubique dentro de la pirámide.

La espiral es la figura que se genera y conecta desde el corazón. Es la forma que tiene nuestro ADN. La espiral está en la estructura de todos los mantras, es por esa razón que hay que repetirlos para que las espirales se multipliquen en el infinito y se conecten con el resto de las galaxias. A medida que nos conectamos con nuestras espirales, vamos abriendo nuestra conciencia y nuestro corazón al Amor Incondicional, mudándonos y reconociendo distintas realidades y dimensiones fuera de este espacio tiempo, reconectando nuestro origen divino y conectándonos galácticamente

Hay dos espirales. La espiral que va hacia arriba es la femenina y nos permite recibir la información del cosmos y la otra que va desde el corazón hacia abajo, que es masculina y nos permite manifestar todo aquello para convivir en la tierra. Es la unificación de las formas geométricas, desplazándose a través del espacio-tiempo. Hay dos espirales la de Fibonacci y la Proporción Áurea. La primera comienza en nuestro corazón, y está en todo nuestro cuerpo físico buscando a la segunda y tratan de unirse en un punto. La segunda está relacionada al espíritu y no tiene principio ni fin, puede penetrar distintas dimensiones.

Respecto de la forma del Merkabah, en su libro *Mensajeros del Alba*, dice Barbara Marciniak[14]: "Y por supuesto, estará la estructura del vehículo Merkabah, que es la figura de cinco lados. La figura de cinco lados representa a la figura humana en su estado más ilimitado: el humano totalmente libre. Algunos de vosotros la conocéis como la estructura simbólica denominada el vehículo Merkabah. Es el diseño humano libre de limitaciones. Es el ser humano capaz de volar, que es algo que la

---

13 Barbara Marciniak, *Mensajeros del Alba*

14 Barbara Marciniak, *Mensajeros del Alba*

mayor parte de vosotros no consideráis posible…" y continua diciendo: "Aquellos de vosotros que estéis dispuestos a creer que verdaderamente no existen limitaciones, seréis capaces de generar la estructura de la Merkabah y salir del planeta con ella mientras todavía viváis en él."

Merkabah es una palabra de origen egipcia que significa: MER (Luz) KA (Alma) BA (Cuerpo)

Los mandalas contienen Geometría Sagrada que sanan y nos transportan a otros estados de conciencia para llevarnos a la unificación, brindando una apertura en nuestra forma de vida y una nueva comprensión del universo.

4

Terapias Vibracionales

El proceso de Unificación es la conexión con todos los reinos, ya que los cambios que están ocurriendo a la Tierra (tsunamis, terremotos, incendios, etc.) afectan al mismo tiempo tanto al planeta como ser independiente, como a todos sus habitantes. Todos los reinos están en este momento actuando conjuntamente para que la nueva humanidad sea recibida en armonía. Durante muchos millones de años los habitantes del planeta han tenido la oportunidad de honrar el planeta y a sí mismos, a través del paso del tiempo las distintas civilizaciones han cometido errores basados en el egoísmo y la desconexión con la fuente. Todos somos Uno y es ahora que los distintos reinos trabajan en esta nueva tarea de reconstitución de nuestros campos áuricos. Los desafíos de la humanidad han llegado a su fin porque ya estamos viviendo en la nueva conciencia, el tiempo real y el tiempo paralelo se unen cada vez más y cosas que el ojo humano antes no veía están apareciendo en fotos, y otros medios para que el hombre se dé cuenta de su falta de amor y su incapacidad de comunicarse como se hacía ancestralmente con esos otros seres, con la rectitud, el respeto por sí mismo y por todo su ambiente. En esos días, el hombre sentía la Presencia Divina en el TODO que lo rodeaba y percibía que estaba con esos otros seres que estaban vivos tanto como él. En la maravillosa coexistencia de esos tiempos su poder estaba basado en el amor hacia la naturaleza y el agradecimiento por la comunicación que había entre los distintos reinos. Este poder es el verdadero, el que no manipula y sojuzga a los otros.

En esta nueva conciencia el nuevo hombre restablecerá su vínculo sagrado y genuino con el Todo, reconociéndose como simplemente un habitante más entre todos los demás reinos.

En este nuevo tiempo están desapareciendo algunos vegetales, animales y minerales ya que estas catástrofes darán lugar a plantas, animales y minerales nuevos que convivirán con el hombre en armonía perfecta.

Hay especies vegetales que existen desde la época de los dinosaurios que tienden a desaparecer a medida que realizan su tarea de colaboración con la nueva conciencia como por ejemplo la cola de caballo. Hay plantas que los distintos pueblos originarios en variadas regiones del mundo han utilizado por años en la sanación que están extinguiéndose por diversas razones.

El reino vegetal y el mineral están en estos momentos colaborando para la ascensión.

Con el nuevo sistema de chakras una de las glándulas que se activa es el timo. Tenemos que tener conciencia que todos los reinos (materiales e inmateriales), estamos en la actualidad trabajando en conjunto para la ascensión a otro nivel de conciencia. El reino mineral, las plantas y los animales colaboran con ello muy activamente. En el futuro se supone que habrá enfermedades desconocidas hoy por el hombre que solo se curaran con hierbas medicinales aún no descubiertas. Las antiguas civilizaciones utilizaban las hierbas para las sanaciones y las especias (ricas en nutrientes y minerales) aportaban todos los elementos que los cuerpos necesitaban para poder estar en armonía con todo el universo y consigo mismo).

La alimentación es fundamental en el cambio de ADN ya que en un punto somos lo que comemos. El comer sano hace que nuestros cuerpos se sutilicen y a partir de la alimentación adecuada el hombre puede estar más en contacto consigo y con lo sagrado. En las civilizaciones antiguas los hombres más poderosos y de mayor conexión con la divinidad se retiraban a lugares sagrados donde realizaban ayuno y silencio. Cuando el ADN este totalmente modificado no será necesario las funciones básicas que el organismo tiene hoy (comer, defecar, descansar, etc.). En la actualidad comemos muchas veces para estar enraizados, esto es, bien "plantados", con los pies firmemente apoyados en el planeta Tierra y en el tiempo presente.

La medicina vibratoria tiene como base científica y filosófica la Teoría de la Relatividad de Einstein, la Teoría de las cuerdas y toda la filosofía cuántica en los últimos 30 años.

La física moderna sostiene que toda la creación (aun la material) es energía vibrando a diferentes niveles

La energía que se libera por un remedio y/o sistema vibracional fluye en ondas a través de los cuerpos sutiles y del cuerpo físico. (Ver capítulo Proceso de Unificación página 35)

1. Esencias Florales y Reino Vegetal

1.a. Las Esencias Florales Vibracionales

Las esencias florales crean un cambio en la conciencia del individuo.

Las esencias son autorregulables, esto significa que si tomamos demasiado los efectos se regulan de acuerdo a la necesidad del individuo y si tomamos poco, debido a que el tracto digestivo etéreo esta activado por la esencia, sus efectos se amplían.

Las esencias florales siempre actúan positivamente, las personas pueden en determinados casos provocar crisis de sanación, ya que al liberar las emociones en apariencia hay algo "negativo" pero es porque la misma estaba en el inconsciente y seguramente afectaba distintas y determinadas áreas de la vida de la persona que decidió tomarlas. Además respetan el libre albedrío de quien las ingiere y si esa emoción no debe ser liberada en ese momento la esencia respeta esto.

Las esencias vibracionales influyen en los cuerpos sutiles y poseen una concentración muy elevada de energía vital. Producen un cambio de conciencia en el individuo. Ello se manifiesta luego en el cuerpo físico.

Las flores han sido y son la esencia misma y la más alta concentración de la fuerza vital de la planta. En la flor se combinan los planos más elevados de la fuerza vital de las plantas y sus propiedades etéreas y sutiles.

En la época de la civilización Lemuriana (aproximadamente hace unos 500.000 años) se utilizaban extractos florales. Los lemurianos eran autosuficientes y había armonía entre sí y con la naturaleza. En esa época ya existía la horticultura y la agricultura y en referencia a cultivo, botánica y jardinería se realizaba a nivel mental. Había extractos florales para modelar el cuerpo humano.

El investigador espiritual Rudolf Steiner, en su libro "*Cosmic Memory: Atlantis and Lemuria*", describe las costumbres de estas dos civilizaciones y en algunas conferencias a grupos de médicos en Gran Bretaña en la década del 20 hizo mención al valor de curación que hay en las flores. Otros autores como Alice Bailey muestran en sus obras lo mismo.

Los extractos florales pueden cultivarse especialmente mediante métodos de cultivo orgánico.

Tal como descubrió Bach los pimpollos de todas las esencias florales son valiosos para los fetos mientras se están gestando y también para los recién nacidos en sus primeros meses de vida.

"En el recorrido de la vida investiga el origen del Ser y contempla la alegría y la felicidad de estar viva" esta es la vocecita interna que cada día sentía dentro mío y que me impulsó a un trabajo de investigación de más de diez años respecto de hierbas y esencias florales.

El sistema **Esencias Vibracionales *de la Aurora*®** y las **Cartas Vibracionales *de la Aurora*®** influyen directamente sobre el ADN Vibracional o Código Genético de las personas, liberando, purificando y transformando la *causa o el origen de todo aquello inserto en el mismo ya que somos hoy el resultado de nuestros antepasados y de nuestras distintas encarnaciones que impiden* en la actualidad la abundancia y prosperidad en todas su manifestaciones (salud, armonía, dinero, relaciones, amor, etc.). Este es un sistema de muy alta frecuencia vibratoria.

Las Esencias Vibracionales ***de la Aurora*®** se diferencian de las de Bach en que estas últimas (las del sistema Bach) actúan sobre cuerpo físico, mental, emocional y espiritual y las primeras actúan sobre el ADN Vibracional en forma muy sutil y colaboran para integrar y unificar las 13 hélices.

En el sistema de esencias de Bach y otras similares es necesario realizar un curso para utilizar las adecuadas para cada enfermedad/dificultad. En el sistema de las Esencias Vibracionales *de la Aurora*® desde la *Geometría Sagrada de la persona que realiza la consulta se eligen conectándose con la Geometría Sagrada de la esencia*, desde la conexión con nuestra alma. Por ejemplo: en una exposición hace un tiempo, un niño de siete años pidió optar por una esencia. Con la autorización de su mama lo hizo y al leerle a la mamá para que se usaba la esencia seleccionada, la Sra. comenzó a llorar porque su hijo tenía una enfermedad hereditaria y justamente la esencia que eligió era la indicada para el caso ("Lavanda: sana las heridas del pasado en otros niveles de conciencia y de vidas pasadas, de heridas de nuestros ancestros insertos en nuestro ADN").

Varios terapeutas me comentaban que estaban recibiendo muchos casos de diabetes y querían saber cuál era la esencia indicada para la enfermedad. En verdad en el sistema *de la Aurora*® no hay una esencia para cada enfermedad, síntoma, emoción, pauta mental, problema, dificultad, etc. ya que actúan directamente en el Código Genético Vibracional de las personas que las toman y sus causas ancestrales/genéticos pueden scr variadas. Una misma esencia puede sanar aspectos diferentes de acuerdo al Código Genético Vibracional de la persona. Muestra de ello es que en una charla en una fecha determinada, una persona eligió una esencia. Esa esencia iba a trabajar con el ADN ancestral y tenía que ver con su padre en esta vida. Unos meses más tarde en otro encuentro esta persona se acerca y me dice: "yo estaba sentada por atrás y deseo compartir con vos que en las filas de adelante estaba mi hermana. Al elegir una esencia, mi hermana seleccionó la misma que yo hace unos meses y vos le dijiste que esa esencia iba a colaborar en su sanación con todos sus ancestros que provenían de su padre, tal como en mi caso. También desde que tomo esa esencia pude darme cuenta de muchas cosas mías y restablecer un vínculo con mi padre (hacía unos años que no lo veía) en una nueva forma de relación, y esto trajo como una de las consecuencias más importantes la resolución de mis dificultades respecto de mi pareja".

No es necesario saber que está transformando o limpiando ni en que dimensiones o espacios tiempo trabaja la esencia, ya que la transformación se realiza bio-recodificando el ADN Vibracional y en cada dimensión, espacio tiempo, mundo paralelo donde ocurrieron situaciones que dieron origen a que las personas transiten hoy determinadas circunstancias. Por ejemplo una persona joven Martín M. con ataque de pánico eligió desde su ser cuatro esencias *de la Aurora*® y a los quince días había desaparecido la causa y por ende el síntoma.

Se ha realizado con estas esencias un trabajo de investigación intensivo y exhaustivo y a lo largo de esta tarea de investigación he encontrado algunas respuestas que me dicen como estas esencias trabajan.

Tal como explica en el libro *"Elixires Vibracionales y Medicina Vibratorias"* Ronald Lee Gorman (Gurudas) explica que "Como afirmó originariamente el Dr. Hahnemann, fundador de la homeopatía moderna, los miasmas son la raíz de todas las enfermedades crónicas, y pueden constituir un factor preponderante en algunos problemas agudos. También son los cimientos vibracionales de enfermedades corporales genéticamente heredadas, que pasan de generación en generación. Estas características miasmáticas incluyen virus o bacterias que yacen latentes en las células por muchos años, y hasta generaciones enteras, en una simbiosis delicadamente equilibrada. Luego, cuando se disparan conducen a enfermedades agudas o crónicas, traumas, tensiones (stress) y envejecimiento. A medida que los individuos envejecen, su vitalidad decrece, lo que permite a los miasmas penetrar el cuerpo físico desde las anatomías sutiles.

La relevancia de las esencias florales en este tema es que con frecuencia causan un profundo efecto en la erradicación de varios miasmas de los sistemas humanos…" y continua luego "…Es esencial que los practicantes de las terapias holísticas comprendan el profundo impacto que los miasmas causan en las enfermedades crónicas. Los miasmas subyacentes contribuyen también a susceptibilizar al paciente a varias dolencias agudas… Los síntomas evidentes son tratados, pero la causa oculta no es tenida en cuenta…., sin embargo un tratamiento efectivo de los miasmas es esencial si se desea que el tratamiento holístico curativo alcance su máximo potencial para restaurar la salud en la mente, el cuerpo y el espíritu……Los miasmas se encuentran latentes en los cuerpos sutiles, especialmente en el cuerpo etéreo, el emotivo, el mental y, en menor grado en el cuerpo astral. Algunos de ellos *pasan de generación en generación genéticamente, habitando el nivel molecular del cuerpo físico que es el Código Genético.* Un miasma no es necesariamente una enfermedad, es la potencialidad de una enfermedad. En realidad los miasmas son un *esquema cristalizado de KARMA.* Los mecanismos organizadores de las fuerzas anímicas y de las propiedades etéreas determinan cuando un miasma se elevará al cuerpo físico para transformarse en una enfermedad activa. Esto sólo sucede cuando los esquemas etéreos del miasma se proyectan al cuerpo físico, desde los cuerpos sutiles. Los miasmas pueden yacer latentes en los cuerpos sutiles y el aura por largos periodos de tiempo. Desde esa posición en los cuerpos sutiles, gradualmente, a través de los campos biomagnéticos que rodean al cuerpo físico, los miasmas van penetrando en el nivel molecular, luego en el de las células individuales y finalmente en todo el cuerpo físico"

Más adelante prosigue: "…Los miasmas no son simplemente oscuridad o energía corrompida o inficionada; es el vacío, o la falta total de energía vital. Este vacío de energía vital es lo que provoca bloqueo y el esquema desequilibrado. La energía vital es un elemento causal que organiza correctamente el esquema vital; por lo tanto *la curación se desarrolla cuando la fuerza vital penetra en el vacío.* Muchas veces, el individuo logra remover los bloqueos, pero aun así no permite que la luz de la energía vital penetre la oscuridad, y así se recrean las circunstancias nocivas originales."

Debido a que l*as esencias florales son la energía vital más concentrada de la planta al beberlas están penetrando los vacíos que significan los miasmas, liberando y sanando todo aquello que está inserto en el ADN y que producen problemas emocionales, mentales y físicos.*

Por ejemplo una de las esencias ***de la Aurora*®** llamada Emergencial está trabajando muy bien con pacientes de cáncer que no resisten la quimioterapia (al cabo de unos días pueden volver al tratamiento: la esencia libera del ADN la impronta del deseo de muerte física o falta de fuerza o el proceso en el que está el individuo y al reconectarlo con su YO Superior vuelve a tener el deseo de la sanación física) o bien en todos los casos que la persona sea consciente o no la elige desde su ser ya que esta esencia es especial para los momentos de crisis y las etapas de transformación en nuestra vida. Incide directamente en la sanación de nuestra alma…". Lo que la esencia es todo lo que está en su ADN Vibracional por lo que atraviesa esas situaciones

Además hemos desarrollado toda una línea de productos para la transformación del ADN vibracional: cremas, jabones, vaporizadores de ambientes y de ropa. Por ejemplo los de ropa se utilizan para sacar de las prendas el ADN inserto nuestro o ajeno cuando estamos en contacto con los otros, las sabanas, colchas, tapizados, cortinas, etc. Cuando hacemos un lavado de las prendas se limpia únicamente lo que está sucio externamente, estos vaporizadores de prendas, tejidos, telas, eliminan el ADN depositado en ellos. Se ha dado el caso de varias personas que han rociado los placares y colchas. Por ejemplo una persona realizo una elección del producto para cada hijo, cada una con composición distinta, roció los placares y las colchas de cada habitación y a los dos días uno de sus hijos le dijo que deseaba continuar estudiando (estaba con una depresión) y de hecho lo realizo y modifico su vida. El otro hijo (el que aparentemente nunca tenía problemas) le pudo decir facetas de su vida que no eran tan "buenas" como aparentaban a los ojos de la madre, restableciéndose en él un principio de transformación, dándole de esta forma la posibilidad de pedir ayuda y resolver sus dificultades.

Respecto de los atomizadores se pueden utilizar tanto sobre las personas como en ambientes, en ambos casos lo que transforma es en su origen la causa y/o contratos que hacen que las personas transiten esas circunstancias y en el caso de utilización en ambientes (ámbito de trabajo, casas, etc.) el origen de los contratos con las personas que comparten el lugar y/o habitaron allí antes o bien con quienes construyeron ese lugar. Por ejemplo hace unos años Karina S. me consultó porque tenía serios inconvenientes de maltrato en su trabajo que consistía en el cuidado del archivo de un Juzgado, comenzó a utilizar los atomizadores y me llamó a la semana para decirme que sus compañeros y las personas que retiraban los expedientes la trataban con total cordialidad. ¿Cómo actuó el producto? limpió y purificó en todas las dimensiones, espacio tiempo y mundos paralelos la causa por los que había maltrato hacia ella liberándolo de su ADN Vibracional. Ella había elegido este ámbito laboral y a estas personas y a las personas de los expedientes para manifestar en este espacio tiempo el maltrato originado en sus ancestros o sus vidas pasadas inserto en su ADN.

Muchas veces se pueden elegir esencias y también alguno de los otros productos. Por ejemplo el caso de José L. adolescente quien hacía 3 meses que no salía de su habitación. Sus padres realizaron la consulta y eligieron esencias y vaporizadores para él. A los 4 días de utilizar lo elegido tanto en su habitación como en su casa y tomar las esencias el salió de su habitación. Desde ese momento su vida y la de su familia cambio porque el transformó el ADN Vibracional ya que las esencias tienen efecto hasta la vigésima generación en forma ascendente, descendente y colateral siempre que esas personas así lo permitan ya que se respeta el libre albedrío de cada uno.

Por ejemplo respecto a las cartas y esencias vibracionales *de la Aurora*®, Maria Emilia Puppo es especialista en Estimulación Temprana y desde hace tiempo utiliza este sistema y ha compartido muchísimas experiencias beneficiosas para sus pacientes, entre ellas a una niña B. B. de 4 años cuyos padres le consultaron. La escuela donde concurría la pequeña la derivó a esta terapeuta porque la niña no podía tener un discurso propio: ella únicamente hacía preguntas (incluso ya sabía las respuestas por su alto cociente intelectual). Luego de varias sesiones en las que la niña continuaba con el mismo síntoma Maria Emilia le muestra las cartas vibracionales *de la Aurora*® y comienza a jugar con ellas. En ese instante B.B. comienza a armar historias a partir de esto. Es la primera vez que la nena tiene una narrativa y un discurso que le pertenece. A partir de allí se comienza a desbloquear su síntoma. ¿Cómo actúan las cartas? Las imágenes de las mismas son Geometría Sagrada y como somos Geometría Sagrada las cartas fueron a los distintos espacio tiempo, dimensiones y mundos paralelos donde acontecieron hechos insertos en su ADN Vibracional que motivaron el síntoma en el aquí y ahora.

Transcribo textualmente la experiencia y los resultados de Andrea B.

Cartas y esencias vibracionales *de la Aurora*®

Al inicio de mi experiencia con las cartas, mi mente necesitaba interpretarlas hasta que pude escucharme y entender que las cartas "*son*" por si mismas, las experiencias más fuertes fueron cuando logré conectarme con su Geometría Sagrada y saque la necesidad de interpretación. En cada tirada y situación a sanar sentí mucha paz y percibí la energía de la Geometría Sagrada de las cartas.

Algunas Experiencias:

a) "solicite sanación para un problema en el trabajo, trabaje varias horas con este problema porque instintivamente sentía que tenía que seguir, al otro día, mágico fenomenalmente y sin poder explicar cómo, se resolvió."

b) "En una consulta, pude conectarme con lo que estaba sintiendo y viendo la consultante y ver lo que las cartas sanaban, fue una experiencia que jamás me tocó vivir."

c) "con el tema de la abundancia que parecía que nunca iba a poder terminar de sanarlo, hasta que fui descubriendo y otra maestra me sugirió trabajar y sanar el sentimiento que la abundancia generaba en mi, entonces al trabajar el sentimiento muchas situaciones se destrabaron como demoras en pagos, deudas que nunca se pueden pagar, etc."

Esencias:

"Tuve excelentes resultados con el vaporizador Mezcla ya que trabajo y limpio viejos contratos que tenía con gente de mi ámbito laboral lo cual traía conflictos, lo rocié en el ambiente por varios días y los mismos se transformaron."

En cuanto a la preparación de las esencias vibracionales *de la Aurora*® son de altísimo nivel vibratorio. Algunas de dimensiones 21 y 23. Para prepararlas no tengo plantaciones de flores. Son *vibracionales* y lo más importante es la vibración y la asistencia que vienen de los planos elevados de conciencia en el momento de su creación. Desde el año 1997/1998 fui recibiendo información a través sueños y escribía todo tal como lo recibía. Paralelamente realizaba una investigación de las propiedades de las plantas y sus beneficios. Con el paso del tiempo estando un día en La Aurora (Salto-República Oriental del Uruguay) centro de sanación Cósmica percibí, sentí que ya era el tiempo de realizar las esencias. Hacía muchos años que llevaba grupos a ese lugar tan sagrado y también daba allí seminarios y talleres. Así que las primeras esencias fueron creadas allí y otras en Capilla del Monte (Córdoba-República Argentina). Una vez que realicé muchas esencias de diferentes plantas fui conectando lo que había recibido desde el año 1997 en adelante con cada esencia de cada planta.

En total conexión con Dios Padre/Madre, siento/percibo cual flor, de qué planta es la de más elevada frecuencia para la transformación de los seres hacia una calidad de vida basada en el Amor Incondicional y así creo la esencia eligiendo los pétalos adecuados.

Algunas plantas aparecen en mi jardín (de dos mil metros cuadrados) simplemente para que elabore la esencia y luego desaparecen. Me ha pasado en varias oportunidades en un sueño saber que al día siguiente iba a realizar una esencia de una planta. Al día siguiente salía al jardín y había una planta gigante que antes no estaba en el predio, realizaba la esencia y al próximo día la planta desaparecía. *¡La manifestación Divina esta siempre!!!!!!!!*

1.b. Las Hierbas

LAS HIERBAS POSEEN PROPIEDADES NUTRIENTES Y MEDICINALES POR LO QUE colaboran con la cura y la sanación de los cuerpos Y REPELEN LAS TOXINAS INVASORAS.

Las hierbas tienen también una vibración que acompañan el despertar de la conciencia. Por ejemplo la Pasionaria como hierba sana problemas de depresión y vibracionalmente es la indicada para liberar del ADN las improntas que impiden la unificación de nuestro Cuerpo de Luz.

Es en el reino vegetal que también encontramos formas geométricas que al ser ingeridas modifican la estructura molecular de nuestras células y nuestro ADN Cuántico. El nivel de sanación de las plantas es en todos los cuerpos y a nivel vibración sana en distintos estados de conciencia, ya que el tiempo lineal no existe. No hay espacio ni tiempo. Solo en la materia existe el tiempo.

De acuerdo con los pueblos tradicionales podemos leer toda la historia de la humanidad a través de la historia de la plantas. En la actualidad hay especies de plantas nuevas que están surgiendo y que ayudarán en enfermedades desconocidas por el hombre hoy.

En realidad si el Hombre alcanzase la paz y la armonía innata al ser humano, sería consciente que las plantas y todos los demás reinos están colaborando a esa paz constante en el hombre. Al penetrar en nuestra alma modifican nuestra mónada y conllevan a la Armonía Divina y Sagrada que se esconde en el centro de nuestro corazón formando una única unidad con el Padre/Madre sagrado y eterno. Es en el recorrido consciente de nuestra propia Gracia y de nuestros dones que descubrimos esta llama de Amor Divina que yace en el corazón de todos los Hombres. El Centro Cardiaco Cósmico comienza a conectarnos con el *verdadero amor incondicional, aquel que da sin pedir nada a cambio, sin manipulaciones ni ego. Es en este nuevo estado de conciencia donde la humanidad ingresa a la sintonía con el cosmos y con otras galaxias, reconociendo la existencia de mundos internos y externos para la convivencia interplanetaria. El tiempo ya esta en este maravilloso presente, "regalo" que es nuestra propia vida. Si reconocemos lo importante y tomamos conciencia plena de quienes somos en realidad disfrutamos y gozamos cada instante de nuestro paso por el planeta tierra*

En la estructura molecular de algunas hierbas hay determinados elementos que facilitan la cura de nuestro ADN cuántico. Por ejemplo la cola de caballo tiene en su composición un elemento que actúa sobre nuestros huesos. En ellos está inserta la memoria del ADN. Así cuando tomamos cola de caballo estamos en el plano físico sanando problemas no solamente del cuerpo físico (por ejemplo diurético) sino también y en un plano muy sutil de nuestra conciencia sanamos la causa y/o el origen inserto en nuestro ADN por la que se manifiesta la enfermedad o situación que estamos transitando limpiando el cuerpo mental, emocional y físico.

Cuando bebemos ecchinacea, que es una planta que se utiliza en su totalidad para la sanación, y está indicada para la cura de más de cuarenta y siete enfermedades estamos en el plano sutil modificando nuestro Centro Cardiaco Cósmico. La ecchinacea actúa directamente sobre el timo, que es la glándula asociada el centro del corazón. Por eso es tan importante esta hierba. Actúa sobre todo nuestro sistema inmunológico.

Siempre me han gustado las plantas, el verde, la naturaleza, revivo cuando estoy rodeada de ella, lejos del asfalto de las ciudades. Sin embargo como Contadora Pública Nacional, consultora y auditora de grupos económicos, nunca imaginé que mi conexión con el reino vegetal iba a ser tal. En el año 1996/1997 ya sabía/intuía/recibía información que mi tarea era crear un sistema Vibracional a través de cartas de transformación y plantas.

Desde el año 1993 cada vez que iba a Capilla del Monte (República Argentina) tomaba contacto con las hierbas en el lugar de Carmen Peduzzi: "Wilca Yachay, sagrado saber", quien gracias a su sabiduría y entendimiento me introdujo en el conocimiento sobre las hierbas y sus beneficios. Juntas realizamos una investigación sobre su incidencia en los cuerpos sutiles respecto de la vibración.

La transformación que producen las hierbas (como todos los sistemas que realizo y transmito) lo vivencié en mí y luego lo transmito a los demás. Cada vez que trabajaba con las plantas, en la tierra, plantándolas, regándolas, podándolas, hablándoles como si fuesen mis amigas, cosechándolas sentía el disfrute de ese encuentro como si fuesen una prolongación mía. Las plantas nos dan todo. La naturaleza, la tierra, los cristales nos dan todo, no se guardan nada. ¡¡¡Somos bendecidos por su generosidad!!! Aprendí de mi misma más que en muchos seminarios donde el intelecto es lo que está de moda, donde nos cuesta bajar al centro de nuestro corazón porque nuestro ego esta alerta pensando lo que van a pensar, juzgar los otros y además se resiste al cambio. Por eso ponemos la mente, no bajamos al centro de nuestro de nuestro corazón, abriéndonos a la energía de la compasión y de la misericordia, pudiendo vernos a nosotros mismos y a los otros como una unidad. Si, aprendí mucho de las plantas, la paciencia, esperar a que crezcan, a que se fortalezcan, a sentir su dolor cuando cortamos una florcita de ella o de plantas ajenas, a perdonar tal como ellas nos perdonan a nosotros cuando no la regamos o las cortamos o dejamos que otros yuyos avancen sobre ella. Al principio me costaba mucho sacar los yuyos que rodeaban y empequeñecían las plantas, me parecía (y lo sigo pensando) que eran también vivientes, que no había porque sacarlos, siempre estaba contradiciéndome a mí misma, me sentía tironeada entre lo que pensaba y lo que sentía. Hasta que un día… *comprendi!!!!! Sentí que en verdad esa planta era yo misma y los yuyos que no quería cortar era justamente lo que me hacía daño, lo que no me correspondía, las ataduras, los temores, las dudas, los obstaculos. Comprendí que debía y elegía cortar esos yuyos. Para que la planta recupere su propio poder y crezca sana y en total libertad, mirando el sol y las estrellas embelezada!!!*

Hacía muchos años que una de mis tareas era llevar grupos a lugares sagrados especiales (para los pueblos originarios todos los lugares del planeta son sagrados) como Capilla del Monte, La Aurora, Mendoza, San Martín de los Andes, México, Perú, Grand Canyon del Colorado, Europa. Ya en el año 1993 comencé a llevar grupos de transformación a Capilla del Monte (es uno de los centros energéticos más importantes del Planeta) y luego de algunos años me mudé a mi lugar allí: "Ciudad Dorada". Allí cultivaba hierbas aromáticas y medicinales y he tenido maravillosas experiencias en relación a las plantas. Por ejemplo había elegido para mí en esos días la esencia vibracional **de la Aurora®** llamada "Sencillez" que libera de nuestro ADN vibracional las improntas que impiden nuestra conexión con la alegría de lo cotidiano. Regrese a "Ciudad Dorada" luego de dar unos seminarios y conferencias, había una planta toda cubierta y seca por otra: la Pasionaria. Las hojas de la Pasionaria actúan sobre la depresión en el plano físico y vibracionalmente para la unificación de nuestro Cuerpo de Luz. A medida que iba despejando la pasionaria de encima de la otra planta me di cuenta que en ese periodo yo había estado sin poder conectarme con lo maravilloso de lo cotidiano. Las plantas reflejaban lo que había pasado en mi interior y la esencia vibracional *de la Aurora*® había liberado todo lo que estaba inserto en mi ADN Vibracional e impedía que tuviese alegría cotidianamente.

2. Reino Mineral

2.a. Cristales

Todo el Universo se comunica a través de Geometría Sagrada. Esta geometría se manifiesta en todos los reinos. Así es que cada cristal está formado por formas geométricas que al ponerse en conexión con nuestro cuerpo y nuestras emociones y creencias los modifica. Es por ello que para cada dificultad, problema y/o enfermedad hay un cristal que modifica desde su ADN nuestro propio ADN. Los cristales son la manifestación de la tierra y la conexión con las distintas dimensiones. Son un canal, un puente al infinito, a nuestra propia divinidad. Permiten explorar distintos aspectos, sanando aquello que está en nuestros campos áuricos desde nuestro propio origen. En su libro *"La sabiduría de los cristales"* Alejandra Salatino[15] realiza una excelente descripción: "Trabajar con cristales es como abrir una ventana a nuestro interior para recibir y dar lo mejor de nosotros mismos, a nosotros y al mundo. La energía de los cristales no es intrusiva, nos lleva hasta la profundidad de nuestro ser, sin forzarnos. Sus formas, colores, texturas y transparencias nos hablan, nos guían, nos sugieren: Con los cristales y gemas podemos meditar, llevarlos encima, armonizarnos, limpiarnos, clarificarnos, purificarnos, etc. Depende de nosotros hasta donde queramos llegar en su compañía. Al ser el primero

---

15 Alejandra Salatino, *La Sabiduría de los Cristales*

de los reinos (el mineral), hace contacto con la espiritualidad y es el que nos conduce al origen. La chispa divina llega desde el cosmos y hace contacto radiante con los minerales. Se encuentra con la energía que irradia la totalidad del mineral, que está compuesta por la energía de adentro hacia afuera, por la energía concreta de la materia, la energía molecular, y la energía atómica. Toda esta energía está envuelta por la energía de la chispa divina. En este reino, al ser la materia no tan densa y al no estar tan diversificada como en el reino humano, esta energía cósmica no penetra la materia. Se encuentra con la propia energía desde su estructura atómica nos enseña que todo este constante movimiento, desde su estructura molecular nos enseña un orden; desde su transparencia nos posibilita un crecimiento y, desde su vibración nos eleva y nos pone en contacto con los planos superiores, sin perder nuestras raíces. Los cristales nos muestran el camino para traer el espíritu a la materia, para despertar y poner en acción nuestra misión. Nos abren una nueva senda de transformación y purificación en todos los niveles del ser. Nos limpian, nos equilibran, nos relajan; son armonizadores y nos ayudan a encontrar nuestro centro, a enfocarnos sin distracciones y a evitar la dispersión y el parloteo de la mente inquieta. Son amplificadores, traducen, sincronizan; son verdaderos agentes de cambio. Colaboran con la alquimia interior, nos conectan con el constante fluir de la vida y nos sintonizan con la vibración de nuestra alma".

Los cristales han acompañado el desarrollo de la humanidad durante muchos años. Se dice que los atlantes trabajaban con cristales para recibir información cósmica y manifestar algunas maravillas aún no comprendidas por el hombre. Basados en esta conexión y sabiduría de los cristales distintos pueblos los han utilizado a lo largo del tiempo para conexión con energías cósmicas (por ejemplo: las pirámides de Egipto construidas en forma tal que reflejan el cosmos en ellas) siendo además símbolo de poderío en reyes y sacerdotes de distintas civilizaciones. En los pueblos originarios de América se utilizaban para la cura y la sanación de las personas.

3. Sistemas de Transformación del ADN Vibracional

En este punto desarrollo algunos de los sistemas de *Bio-reco-dificación del ADN Vibracional de Silvia Wachter®* creados por mí que se enseñan en la Escuela N.C.G. Nuevo Código Genético® que recodifican el ADN Vibracional. Los mismos se han utilizado por años en sesiones individuales y grupales y en la actualidad hay muchos facilitadores utilizándolos en distintas partes del mundo con excelentes resultados y transformaciones de las personas que han decidido el camino a la "conciencia plena" basado en el Amor Incondicional.

Todos estos Sistemas son vivenciales y prácticos ya que cuando comencé a desarrollarlos no había aún tanta información científica comprobada como ahora. A medida que pasaban los años fui tomando conciencia de lo que pasaba en las sesiones individuales y grupales desde el punto de vista científico. Por ejemplo: me di cuenta de que todos ellos se basan en la Intención (el motivo de las personas que desean transformar ya sea mediante la instalación de un programa o liberación de un contrato o las Esencias y Cartas Vibracionales *de la Aurora®* o Sistema ON®) *La Intención proviene de la mente que es un transmisor (al igual que el corazón) de campos de torsión.*

¿Para qué es útil la interacción de los campos de torsión? Como éstos tienen la facultad de multidimensionarse e interactuar en espacios superiores a partir de la Intención en conjunción con la mente y en total conexión con el corazón, en este espacio tiempo el campo de torsión se desplaza a las distintas dimensiones, espacios-tiempo y mundos paralelos donde ocurrieron los hechos que dan origen al ADN elegido hasta ese momento en este espacio tiempo, recodificando nuestro ADN ya que modifica el objeto, agregando la nueva información que nuestro ADN y nuestros cuerpos necesitan para vivir una nueva realidad. Está comprobado científicamente que los campos de torsión pueden cambiar los objetos y nuestro cuerpo físico debido a sus características (ver Pág 22)

¿Cómo sé que todos estos sistemas transforman el ADN Vibracional o Cuántico? Si bien no hay aún aparatos científicos que puedan respaldarlo, en el transcurso de todos estos años, en reiteradas oportunidades y por diferentes técnicas empleadas por personas que no se conocen entre sí, se ha confirmado que así es. A esto se suman vivencias y ejemplos con resultados muy positivos como el acontecido en una oportunidad en dónde una madre, sus hijos y nietos hicieron una sesión grupal de Sistema N.C.G.® para transformar una dificultad respecto de la escasez económica que había en su vida. Este inconveniente estaba en su ADN vibracional y al mes su situación económica y financiera se había modificado por completo. Otro ejemplo es el que menciono en la página 79 (donde dice "hermana")

Si bien a lo largo del libro he explicado y dado algunos ejemplos de ellos, como en el caso de *Esencias, estrellas y Cartas Vibracionales de la Aurora®* (Ver página 78) me parece adecuado mencionar para el conocimiento de todos lo que a continuación desarrollo por separado.

3.a. Contratos – Sistema N.C.G.® - Nuevo Código Genético

El Sistema N.C.G.® - Nuevo Código Genético se diferencia de otros en que la persona en su proceso vivencia la multidimensionalidad estando en las distintas dimensiones, espacios-tiempo y universos paralelos donde se originaron los hechos que dieron origen a las distintas circunstancias (en esas dimensiones y/o espacio tiempo y/o mundos paralelos) transformándolos y modificando en su ADN vibracional aquello que decidieron heredar y/o volver a transitar en esta dimensión y espacio-tiempo, para lo cual han elegido a los ancestros y a personas y/o situaciones insertas en su blueprint.

Actualmente del ADN vibracional (o sea del 97% que los científicos llaman "ADN basura") utilizamos sólo el 30%. Los lemurianos utilizaban totalmente el 97% y por eso tenían conocimientos de sí mismos, del universo y las galaxias, manejaban sus enfermedades y vivían muchísimos años ya que sus cuerpos físicos no envejecían como el nuestro. Tenían la capacidad de recodificar su Código Genético.

Somos hoy el resultado de todas nuestras vidas pasadas y de nuestros ancestros. Todas esas vivencias están insertas en nuestro ADN vibracional.

Antes de nacer hemos realizado determinados *"contratos limitantes"* que nos permiten experimentar algunas situaciones para lograr otras. Los "contratos limitantes" no son ni buenos ni malos, simplemente los realizamos antes de encarnar (blueprint) para poder volver a vivenciar en el aquí y ahora lo vivido por nosotros en vidas pasadas y/o por nuestros ancestros. Al liberarlos y realizar un nuevo contrato desde nuestro Ser, sin ningún tipo de interferencias, recomenzamos una nueva existencia haciéndonos responsables de nuestras acciones.

Muchas veces las personas consultan sobre los contratos que han establecido en esta vida con aquellas personas que las rodean y consigo mismas y es en las sesiones individuales o grupales que se liberan esos contratos limitantes, lo cual implica la reconexión y el reconocimiento de nuestro ADN vibracional y por lo tanto la transformación de nuestro Código Genético Vibracional. Mediante la *Intención de la sanación y la transformación* y de nuestra *propia decisión de liberar ese contrato limitante* se produce el impacto en nuestra vida cotidiana en el aquí y ahora, y de muchas de las creencias que tenemos respecto a determinadas situaciones y/o personas.

Estas transformaciones, tanto individuales como las efectuadas en los seminarios grupales, permiten recodificar el ADN Vibracional y nos dan la posibilidad de decidir y elegir nosotros mismos todo aquello que queremos o necesitamos y lograr de esta manera el estado de "conciencia plena".

El sistema N.C.G.® - Nuevo Código Genético, desarrollado por mi hace muchos años, está basado en la liberación consciente y la transformación de estos contratos. ¿En qué se *diferencia* esta técnica de otras que trabajan con la memoria celular, tales como por ejemplo el testeo muscular, las regresiones a vidas pasadas, la apertura de registros akáshicos, etc.? En que mediante este sistema, abriéndonos y transformándonos al estado de conciencia plena, nos *"multidimensionamos" a otros espacios-tiempo, dimensiones y mundos paralelos* por lo cual elegimos y podemos experimentar, comprender, recodificar y sanar en *"esas" otras dimensiones, espacios-tiempo y mundos paralelos* (en el origen), la causa de aquello que nosotros o que nuestros antepasados hemos contratado que está inserto en nuestro ADN Vibracional. Esto nos permite elegir la *realización de un nuevo contrato que nos da la posibilidad de vivir en abundancia y prosperidad en cuanto a salud, bienestar, armonía, economía, relaciones etc.* y transmutar enfermedades, temores, relaciones con algunas personas y formas en las que lo hacemos, escasez, patrones de conducta y todo lo que nuestra propia creatividad nos permita transformar para elegir una mejor calidad de vida en todas sus manifestaciones. A partir de esa nueva contratación nos hacemos responsables conscientemente por las decisiones que tomamos. En Constelaciones Familiares los ancestros bajan a este plano para asistir; en el sistema de lectura de Registros Akashicos: la persona abre los registros pero no reprograma: hace consciente la información; Bioneuroemoción®: reprograma los cuerpos físico, mental y emocional; Testeo Muscular: sana los cuerpos inferiores; técnica de visualización: es una técnica que proviene de la mente y sólo desde la mente se visualiza lo que deseamos; Técnica transpersonal: es una técnica que va más allá de lo personal, aspectos transpersonales que se manifiestan.

En este sistema la persona que realiza el proceso de transformación experimenta la multidimensionalidad.

Cada persona hace su proceso individual. Se encuentra en la dimensión y/o espacio tiempo y/o mundo paralelo en el que acontecieron los hechos o circunstancias que dieron origen a lo que desea transformar.

Hace más de 17 años que realizo seminarios y formo gente en este sistema de la Escuela N.C.G. Nuevo código genético® (fundada en el año 2002). Hoy estoy en condiciones de comprender cómo se produce el proceso de dimensionalidad ya que Einstein dice que la conexión de distintos espacios-tiempo ocurre en el mismo momento. Esto es el "quantum" del que habla.

El tiempo no es lineal. Ese era el concepto Newtoniano. Las culturas indígenas de muchos continentes en general dividen el tiempo en dos: el ahora y otro tiempo cuyos nombres varían de acuerdo a las tribus y las regiones.

Respecto del tema de la dimensionalidad. Gregg Braden en su libro[16] dice "…Ni el modelo ni los científicos de la vida en el pasado tienen en cuenta una de las dinámicas de la creación más fundamentales y posiblemente la menos comprendida, el componente de la dimensionalidad. En nuestra siempre cambiante visión de la creación, muchos científicos ahora creen que todo lo que conocemos como nuestro mundo, en esencia está formado por la misma sustancia, de diminutas partículas de luz (cuantos) que vibran a diferentes velocidades. Algunas formas de luz vibran tan despacio que aparecen en la forma de minerales y rocas. Otras vibran más deprisa y se manifiestan como plantas, animales y personas, mientras que otras mucho más rápidas son las que crean nuestras ondas de televisión y de radio. Pero, en último término, todas ellas pueden reducirse a una cualidad de luz vibratoria. Las observaciones de los físicos y de los científicos no tienen en cuenta los parámetros de la dimensionalidad, hechos que tienen lugar a un índice de velocidad vibratoria tan elevado que parecen estar más allá de nuestro alcance de percepción física. Según esta teoría, ¡el 90 por ciento del universo estaría vibrando literalmente en estados más elevados de expresión! Este 90 por ciento puede representar el lugar donde se encuentran los *universos paralelos*[17a] de la teoría cuántica."

Y continua diciendo: "Con frecuencia, cuando se hace referencia a las posibilidades paralelas se mencionan las teorías de Hugh Everett III, un físico pionero de la Universidad de Princeton. Everett desarrolló las ideas de universos paralelos como respuesta a los enigmas de las realidades cuánticas. En un ensayo escrito en 1957, que llevaba por título «*Relative State Formulation of Quantum Mechanics*» [*El estado relativo de la formulación sobre la*

---

16 Gregg Braden, *El Efecto Isaías*

17a Resaltado de Silvia Wachter

mecánica cuántica], Everett llegó hasta dar un nombre a los momentos del tiempo en que se podía cambiar el curso de un acontecimiento. Llamó a estas ventanas de oportunidades «puntos de elección»." Un punto de elección se produce cuando aparecen condiciones que crean un camino entre el actual curso de los acontecimientos y un nuevo curso que conduce a nuevos resultados. El punto de elección es como un puente que hace posible que comience un camino y que cambie de curso para experimentar un resultado nuevo. Desde esta perspectiva, en el momento en que los tres médicos de la paciente eligieron la visión de que el tumor ya no existía, se estaba trasladando a un punto de elección que daría un nuevo resultado. Al cambiar su sistema de creencias, trascendieron cualquier intento de «sanar» la expresión física de un hecho que ya había ocurrido. Lo que hicieron fue enfocar los orígenes no físicos del tumor y adoptaron un pensamiento, sentimiento y emoción desde un lugar donde nunca había existido. Sus acciones se convirtieron en el *atrayente* de un punto de elección, permitiendo de ese modo el salto cuántico desde un curso de acontecimientos que ya estaba en camino a otro nuevo con un resultado diferente. Las herramientas que hacen posible semejante cambio se encuentran en sus creencias: los pensamientos, sentimientos y emociones de que la nueva realidad ya estaba en su lugar. Contrariamente a lo que se piensa que semejante cambio ha de ocurrir lentamente, en largos períodos de tiempo, la nueva posibilidad ocupó su lugar y la anterior fue eliminada ¡en tan sólo dos minutos y cuarenta segundos! Los puntos de elección pueden suceder con más frecuencia de la que pensamos. En nuestra definición de los cuantos como pequeñas pulsaciones de luz que crean nuestra realidad, abrimos la puerta a una extraordinaria posibilidad: ¡una nueva definición del tiempo! Al igual que ahora los físicos creen que la materia está hecha de múltiples y breves explosiones, en lugar de ser un campo continuo, nuestros antepasados también creían que se producía de un modo similar. En cada estallido experimentamos los eventos que tienen lugar en el mundo. Cuantas más explosiones de luz entrelacemos, más larga será la duración de nuestra experiencia. A la inversa, cuantas menos explosiones, más breve será la experiencia en general." Existen infinitos mundos o universos paralelos que se encuentran interconectados por una red invisible como si fuesen reproducciones de sí mismos." El Sistema *Cosmic Programas del SER*® se basa en este concepto y permite que en un tiempo entre cinco y quince minutos se pueda instalar un nuevo programa en el ADN Vibracional que modifica las creencias, emociones y acontecimientos en este espacio tiempo elegido desde nuestro SER sin considerar a nuestros ancestros y/o vidas pasadas.

Desde esta nueva posición de la física cuántica no existe una vida pasada, ni presente ni futura porque el tiempo lineal no existe .Estamos hoy modificando nuestras vidas pasadas, en esta vida actual para reprogramar nuestro futuro tal como nosotros decidamos hacerlo, dándonos así la posibilidad de manifestar todo aquello que deseamos en total unificación.

✦✦✦

La Aurora es un comienzo, un nuevo día, es la luz en el amanecer de la vida misma. Vivamos a cada instante la Aurora de nuestra vida. A medida que avanzamos en la senda de la Luz encontramos nuestra luz interior y desarrollamos nuestra propia Maestría. Lentamente algunos, apresuradamente otros, con felicidad, con tristeza, miedos, dificultades, sin tropiezos, caminando a veces seguros de donde vamos y cual es realmente el camino, otras dudando de nuestro paso, a veces corriendo, saltando, caminando pausadamente, riendo, llorando, lo importante es que estamos AQUÍ, AHORA, en ESTE MOMENTO *y en* ESTE LUGAR. *Por distintos caminos recorridos, de distintas maneras cada uno de nosotros ejercita la libertad de las decisiones que tomamos aún antes de nacer y nos convertimos en co-creadores y re-diseñadores de nuestra vida. ¿Somos conscientes de ello?*

✦✦✦

Todos los sistemas de *Bio-recodificación del ADN Vibracional de Silvia Wachter*® enseñados en la Escuela N.C.G.-Nuevo Código Genético® que he fundado en el año 2002 y la cual dirijo, se basan en la Teoría de la Relatividad de Einstein y en la Teoría de las Cuerdas, ya que las personas se multidimensionan y vivencian la multidimensionalidad a otros espacios-tiempo, dimensiones y mundos múltiples para recodificar el ADN Vibracional. Los distintos Sistemas que se desarrollan y emplean allí tienen el objetivo de lograr una mejor calidad de vida en el aquí y ahora bio-recodificando el ADN vibracional y se diferencian entre sí en que el proceso de cada uno es distinto.

Por ejemplo, hace un tiempo una persona con cáncer de pulmón realizo una sesión de N.C.G.® -Nuevo Código Genético-. En su experiencia se dimensionó a los espacio tiempo en los que ella estaba en el vientre materno. Hasta el tercer mes ella estaba con otro ser dentro del vientre de su madre. Al cabo del cuarto mes ese otro ser ya no estaba. El contrato que ellos habían realizado era que como los dos no podían estar a la vez en el espacio materno, el otro ser se desprende y parte hacia otro estado de conciencia y ella a la edad de 41 años experimenta esta enfermedad para poder reunirse con ese ser dentro de esa cantidad de años. A las dos horas de finalizada la sesión y liberado el contrato y creado un nuevo contrato, me llamo por teléfono para decirme que había ido a ver a su madre y ella le dijo que al tercer mes había tenido pérdidas pero como el embarazo continuó no habían los médicos realizado ningún análisis.

En las sesiones de N.C.G.®-Nuevo Código Genético las personas se *multidimensionan y experimentan lo que es estar multidimensionado*, lo cual es distinto de la práctica de la visualización. Durante muchos años trabaje con visualizaciones. La visualización proviene de la mente: por ejemplo quiero un coche nuevo, me visualizo, me veo utilizando el coche, las sensaciones que esto me produce, etc. Creo desde la mente, es otro nivel de transformación. El sistema N.C.G.® - Nuevo Código Genético bio-recodifica el ADN vibracional y transforma la causa por la cual decidimos hacer un contrato para no tener el coche, una vez liberado el contrato realizo uno nuevo para ya tener el coche que deseo. Mabel L. realizó una sesión de N.C.G.® -Nuevo Código Genético para transformar el contrato sobre el vínculo con su madre y con sus hermanos con los cuales no se hablaba hacía más de 20 años. ¡A los dos días de la sesión su hermano la llamo para decirle que su madre deseaba verla!!! José Luis realizó una sesión para transformar el vínculo con su pareja y a los pocos días de la sesión se separaron. También he tenido casos en que finalmente el amor verdadero surgió al transformar el contrato por el cual hasta ese momento habían decidido estar juntos de una forma determinada y al modificar desde su Ser el vínculo de pareja, continuaron juntos. Ariana M. realizó una sesión porque no podía quedar embarazada y luego de dos meses me llamo para darme la grata noticia que esperaba la llegada de su bebe.

Puedo seguir dando ejemplos y más ejemplos que a través de los años de aplicación del sistema muestran su efectividad y resolución de todo tipo de dificultades y esto es porque en cada sesión se libera el "contrato limitante" por el cual la persona se había comprometido hasta ese momento a vivenciar todas las situaciones que estaba transitando y que estaban en su ADN vibracional (por eso la elección de esas circunstancias). Al liberar y transformar el contrato, bio recodificando su ADN Vibracional multidimensionándose a los infinitos espacios-tiempo, dimensiones y/o mundos paralelos en el origen de lo que eligió, la persona en este plano elabora un nuevo contrato para vivenciar lo que su alma necesita desde su libre albedrío haciéndose responsable de esa elección.

3.b. Programas – Cosmic- Programas del SER®

En nuestro ADN vibracional esta archivado una gran cantidad de programas y contratos provenientes de nuestras vidas pasadas y/o nuestros ancestros. Esto conlleva a que cada vez que actuamos/decimos/elegimos y aceptamos determinadas circunstancias en el aquí y ahora estamos actuando en base a lo que está inserto en el ADN.

Cada uno de nosotros tenemos una frecuencia vibratoria propia que se proyecta en todo el cosmos y desde nuestro libre albedrío tenemos la capacidad de cambiar las órdenes y los programas de nuestro ADN Vibracional con los que nacimos *modificando y transformando esa frecuencia vibratoria para crear una realidad distinta*. Por ejemplo, si en nuestras vidas pasadas o bien algún ancestro ha tenido circunstancias de pérdidas de tierras o inmuebles, esto estará inserto en nuestro ADN Vibracional y es probable que tengamos un programa para perder nuestros bienes ahora; esta situación podemos modificarla instalando un programa para que esto no ocurra. Tal es el caso de G.C. cuyo tatarabuelo y bisabuelo habían perdido campos muy valiosos en distintos momentos, lo mismo le ocurrió a su padre. Cuando se dio cuenta que esto estaba en su ADN y él estaba atravesando circunstancias por las que podía perder todos sus bienes instaló un programa aceptando ser propietario de inmuebles en abundancia y prosperidad y pudo revertir su situación.

El Sistema de transformación Cosmic-Programas del Ser® (que he canalizado y manifestado) se basa en la instalación e implantación en nuestro ADN Vibracional de programas adecuados, elegidos y aceptados *por nuestro Ser desde nuestro libre albedrío con total conciencia de ello.*

Con las herramientas de este sistema de elevadísima frecuencia vibratoria la persona libera y transmuta instantáneamente y permanentemente los programas del ADN Vibracional en los distintos estados de conciencia, espacios-tiempo, dimensiones y mundos paralelos donde acontecieron hechos o situaciones de vidas pasadas y de ancestros e instala un nuevo programa de acuerdo a su libre albedrío sin ningún tipo de interferencias de los mismos.

¿Para qué instalamos nuevos programas? Son programas de frecuencia vibratoria elevada que nos permite en el aquí y ahora manifestar todo lo que nuestro Ser requiere para vivir en abundancia y prosperidad en todos sus modos (salud, relaciones, dinero, etc.)

según nuestra propia intención y responsabilidad. Como seres humanos vibramos a distintas frecuencias y tenemos el libre albedrío de elegir y aceptar vivir tal como deseemos, haciéndonos responsables de nuestras elecciones y sus consecuencias. Al instalar un programa en el ADN Vibracional se modifican las emociones, creencias y el cuerpo físico resolviendo las distintas situaciones y hechos que hacían que estemos sin pasión, alegría y/o enfermos y/o con dificultades de todo tipo.

En cuanto a la instalación de programas seguimos en contacto con nuestra *vulnerabilidad* y es fundamental ya que la única forma de RECODIFICAR EL ADN es reconocer a través de ella todo aquello que no elijo (por ejemplo el dolor o el miedo) y a partir de eso instalar uno nuevo.

La humanidad toda va hacia la integración y la unificación y al establecer nuevos programas u órdenes en el ADN Vibracional se manifiesta desde el centro cardíaco la compasión, salud perfecta, armonía innata y amor incondicional para que la calidad de vida sea en felicidad y paz

Es probable que al instalar un programa se modifiquen algunas emociones o creencias en el aquí y ahora que no tenían que ver en apariencia con la instalación del mismo. A veces es necesario un programa complementario. Por ejemplo: C.D.M. instaló un programa para "fluir de dinero en forma permanente hacia ella", a las dos semanas me llamó para decirme que el programa no le daba resultado ya que tenía poco trabajo y que la semana entrante se iba a un viaje de quince días que le habían regalado. El dinero estaba fluyendo ya en su vida de una forma distinta a la esperada!!! (Su creencia era que únicamente el dinero se generaba a través de su trabajo). En ese momento colocamos un nuevo programa para tener la "certeza" de que siempre hay en su vida fluir de dinero con excelentes resultados dado que esto influyo también en el miedo a no tenerlo. Muchas veces hay programas viejos que interfieren con el que estamos instalando.

La única limitación para la instalación de programas es nuestra propia creatividad y la desconexión con nuestra vulnerabilidad. Se pueden instalar por temas diversos y se adecuan a cada persona.

Por ejemplo L.S. coloco un programa para su adicción al cigarrillo y dejo de fumar. N.G. realizó una consulta por diversos temas y de ello surgió la instalación de un programa para la confianza en sí mismo y a los dos días recibió un montón de trabajo muy bien remunerado. Otro caso notable fue el de J. L. un muchacho joven con problemas de calvicie que lo tenían muy preocupado y al instalar un programa para el crecimiento del cabello éste al poco tiempo comenzó a salirle. En el caso de N.L. transformó mediante un programa el vínculo con su pareja y a partir de eso su relación cambio totalmente. No hay magia en esto: el sistema lo que hace mediante sus herramientas es transformar todo lo que está en nuestro ADN en las distintas dimensiones, espacios-tiempo y mundos paralelos que impide que el programa elegido funcione adecuadamente en nuestra vida cotidiana.

3.c. Sistema ON®

El SISTEMA ON® es un sistema de transformación que unifica nuestros cuerpos en todas las dimensiones, espacios-tiempo y mundos paralelos y nos integra con nuestra Alma. Nos conecta con la Paz y Armonía innata de todo ser humano que proviene de nuestra esencia Divina y Sagrada.

Es un sistema de integración y unificación con nuestro origen Divino y Sagrado.

Se basa en la transformación cósmica de cambio y activación de nuestro ADN vibracional con los discos solares y los rayos de la divinidad bio-recodificando nuestro ADN vibracional desde el Adam Kadmon (nuestro origen divino). Se realiza una apertura del Centro Cardiaco Cósmico.

En sesiones muy sencillas y rápidas los símbolos utilizados transforman en los distintos espacios-tiempo, dimensiones, mundos paralelos todo lo que impide la conexión con nuestra propia divinidad, razón principal por la que en general tenemos la sensación de sentirnos "divididos" y "desintegrados" en este plano: lo que pienso, es distinto de lo que hago y siento. Al estar unificados e integrados la armonía se manifiesta en lo cotidiano y el estado de bienaventuranza y alegría con nosotros mismos y con los otros hace que se transformen nuestras limitaciones, miedos, enfermedades, dificultades en todas sus manifestaciones.

"On" significa "Yo Soy" y el SISTEMA ON® es la reconexión con el Y.H.V.H. (Yod-He-Vau-He) que es el "Nombre de Dios" y hace que la Presencia Divina de Dios se manifieste en nosotros. Brinda la posibilidad de aumentar la Sabiduría Superior a la experiencia humana para una Evolución Superior para la enseñanza y progreso del Alma. No se relaciona con ninguna raza, secta, casta, o religión ya que se basa en la Sabiduría Divina y está más allá de la dualidad terrenal no integrada al Espíritu Divino que mora en cada uno de nosotros.

Es un sistema para la manifestación del Adam Kadmon que es el "Hombre celestial", que es la síntesis del arquetipo intelectual, material y abstracta de toda la humanidad y de todos los reinos (vegetal, mineral, animal).A través de sus seis símbolos eleva nuestra vibración y nuestra conciencia e integra nuestra Alma con la Personalidad. Enciende el cuerpo lumínico humano.

Es innovador en cuanto a que en sesiones muy cortas (de 5 a 15 minutos aproximadamente) armoniza, estabiliza y equilibra nuestro cuerpo físico, nuestras emociones y creencias, desbloqueando los obstáculos y dificultades en distintos estados de nuestra conciencia ya sean estos reales o imaginarios que impiden lograr paz y armonía en nuestra vida cotidiana.

Su efectividad se manifiesta rápidamente ya que nos nivela, nos integra y unifica con nuestra esencia para darnos la capacidad de discernimiento y claridad necesaria en los momentos de miedos, crisis, enfermedades, problemas de relaciones, etc.

Este sistema nivela cósmicamente y unifica los cuerpos inferiores y superiores, los estabiliza y armoniza.

A modo de ejemplo los padres de J. D. F. de dos años y medio realizan la consulta a María Emilia Puppo (especialista en estimulación temprana) porque su hijo había dejado de comer. Luego de la consulta, unas horas más tarde y por la noche María Emilia realiza al niño a distancia una sesión de

Sistema ON®, a la media hora la mamá la llamó por teléfono para decirle que el nene había comenzado a ingerir alimentos.

La nieta de Alicia B. tenía que ir a un cumpleaños y una hora antes la mamá se dio cuenta que tenía temperatura. Recibe de su abuela (5 a 10 minutos) una sesión y a la media hora la temperatura había desaparecido y la niña fue al cumpleaños.

Esto se aplica a distintas situaciones y personas continuamente con excelentes resultados.

5

Nuevo Código Genético Y Cambio De Conciencia En Las Empresas

a. El Nuevo Espíritu en la Empresa

Como Contadora Pública Nacional hace más de cuarenta años que me dedico a la organización de instituciones y empresas siempre basándome en que son indispensables en las mismas los equipos de trabajo y líderes que resalten los valores y dones de cada uno de los integrantes del grupo.

En la actualidad estamos viviendo un momento de conmoción a nivel individual y mundial. Todas las estructuras conocidas se ven "acechadas" por cambios cada vez más rápidos y continuos en el comportamiento de la humanidad toda. En el mundo actual los mercados regionales y nacionales se han transformado debido a la apertura comercial de los países, la globalización de los mercados, la creciente cobertura de las transnacionales, el mercadeo de franquicias mundiales y alianzas estratégicas entre otros motivos.

Es por ello que se hace necesario la definición de nuevos paradigmas y estilos de trabajo en negocios y empresas. Es tiempo de enfocar con franqueza y responsabilidad los problemas que surjan, de renovar el corazón, la energía y el espíritu de cada partícipe y de introducir modificaciones perdurables en propietarios, dirigentes, ejecutivos y empleados. *Las claves del éxito empresarial y de negocios están basadas actualmente en el desarrollo de las cualidades básicas del ser humano: personalidad, integridad, inspiración, fe, respeto. Con el cambio y liberación de nuestro ADN las relaciones humanas en las organizaciones tanto interna como externamente se modifican, los valores con los que se desarrolla la actividad empresarial cambian y comienzan a manifestarse aquí también las "relaciones verdaderas". En estas relaciones verdaderas nuestras conexiones genéticas ancestrales y de vidas pasadas con quienes nos rodean se liberan y se reconectan, dan ingreso a un nuevo nivel de conciencia entre los integrantes del grupo. El grupo esta unificado e integrado y no hay separaciones. Todo es UNO.*

La nueva empresa esta basada en el respeto por todos y por todo

He organizado empresas y realizado seminarios con técnicas de avanzada desde hace más de cuarenta años. Estoy aplicando los sistemas de Bio-recodificación del ADN Vibracional de Silvia Wachter® en las organizaciones durante más de quince años. Al modificar los contratos insertos en el ADN Vibracional que limitan las relaciones, el éxito, la abundancia y la prosperidad se obtiene una mayor rentabilidad de la organización, empresa y/o negocio ya que se produce una expansión en los integrantes de ellas lo cual redunda en una mayor obtención de ingresos y un mejor aprovechamiento de los recursos (humanos y materiales) con que cuenta la misma. Esto genera prosperidad en todos los negocios. Está comprobado que los pensamientos generan sentimientos que provocan comportamientos, los que a su vez originan nuevos pensamientos y de esa manera se completa el ciclo PENSAR–SENTIR –ACTUAR. Cuando el individuo está unificado no se siente dividido y por lo tanto esto se manifestará en todo su entorno (empresarial, familiar, vincular, laboral, etc.).

Con la expansión de la conciencia la nueva empresa surge como resultado de todos los integrantes del grupo que la conforman. ¿Qué diferencia hay entre los sistemas de *Bio-recodificación del ADN Vibracional de Silvia Wachter®* aplicado a empresas y otras técnicas de organización empresarial actuales? La técnicas actuales de organización empresarial modifican o van dirigidas a las pautas mentales, creencias, y estado emocional de los integrantes del grupo, en tanto que los sistemas de Bio-recodificación del ADN Vibracional de Silvia Wachter® aplicados a empresas, transforman los contratos ancestrales y/o de vidas pasadas que generan las relaciones de los integrantes, destrabando los obstáculos relacionados con situaciones genéticas individuales y grupales insertos en el ADN vibracional. Por ejemplo la competencia desleal entre los integrantes de un grupo pueden estar relacionadas a vínculos de sus ancestros en otras épocas o bien vidas pasadas relacionadas a mal uso del poder, o sometimiento y como en la actualidad el karma entre ellos debe ser liberado las relaciones que establecen se basan en esto. El cambio producido con Bio-recodificación del ADN Vibracional de Silvia Wachter® es muy profundo ya que va *más allá* de técnicas como coaching, programación neurolingüística, visualizaciones, etc. aplicados en la actualidad que por cierto son muy valiosos para modificar problemas de comunicación entre las personas y la resolución de conflictos de intereses modificando creencias y emociones. Durante muchos años he utilizado estas técnicas mencionadas con muy buenos resultados y en la actualidad cuando son necesarias las utilizo en combinación con Bio-recodificación del ADN Vibracional de Silvia Wachter® que transforma en el origen (dimensiones, espacios tiempo, mundos paralelos donde acontecieron hechos de nuestros ancestros y/o vidas pasadas que dan origen a las circunstancias del aquí y ahora). Por ejemplo hace unos años un grupo de cinco investigadores había creado un excelente sistema de más de setenta esencias florales, habían investigado y comprobado que funcionen bien y a pesar de su esfuerzo sus productos aún no estaban en el mercado. Les ofrecí realizar una sesión con las Cartas Vibracionales *de la Aurora*® y a la semana participaron en una exposición para la presentación de sus productos.

El liderazgo es *espiritual*, ello no implica que la administración haya dejado de ser legítima, noble o necesaria. Algunos ejemplos de la diferencia entre unos y otros son a modo de ejemplo:

- La *administración* no era más que una administración de la gente, el *líder* trabaja en un nivel más abstracto: el del espíritu, el de la energía y el corazón.

- La *administración* se encarga de planificar estrategias y metas, el *líder* provoca y mantiene un estado de ánimo colectivo.
- La *administración* es, en gran medida, la evaluación y corrección del rendimiento, el *liderazgo* es el reconocimiento y la apreciación de los aportes personales a fin de crear grupos de trabajos exitosos. El éxito está basado en valoración y conexión con el centro del corazón. Se establecen pautas relacionadas a ello y no diferencia y discusiones relacionadas al poder del ego de cada integrante del grupo.
- La *administración* se preocupa por resolver problemas y tomar decisiones, mientras que los *líderes* intentan crear una imagen o presencia que su influencia, sus valores y su guía se sientan en toda la empresa aunque ellos estén ausentes.

Muchas empresas se asombran al descubrir que sus dirigentes son muy buenos como administradores pero muy limitados como líderes.

La nueva conciencia es la abundancia basada en una organización unificada para llegar a la productividad, eficacia, eficiencia en que se basa el sistema actual. En la nueva conciencia la relación es a traves del corazón, sin especulaciones y sin que la mente manipuladora intervenga. No es necesaria la escasez, improductividad, ineficiencia e ineficacia, conceptos todos relacionados entre sí y básicos para el desarrollo de las organizaciones en la actualidad.

En la nueva conciencia empresarial priorizamos el ganar-ganar en beneficio de todos sin tener que valernos de artilugios y actitudes adversas a los valores genuinos. Si la otra empresa gana, nuestra empresa también gana. Relaciones comerciales transparentes y sin mentiras. Mayor abundancia. Personas felices realizando trabajos que les gustan y causan placer. Responsabilidad y no culpa, equipo de trabajo en vez de individualidad, cuanto más se contribuye al grupo más y mejor es la calidad de vida dentro y fuera de la empresa, sostén y apoyo interempresario e interhumano.

Beneficios ocultos de una nueva conciencia organizacional sin esfuerzo, con sinergia y en responsabilidad de lo que significa la tarea que se realiza. Con la sabiduría que cada nivel o sector tiene de que forman parte de un todo. Proyectando esta conciencia a todos los clientes y proveedores. **La nueva conciencia empresaria desde el centro cardíaco alineado con el poder de la mente. El poder de manifestar el resultado de abundancia y prosperidad que deseamos.**

La nueva conciencia: todos para todos. Nuevos líderes que desarrollen en su equipo de trabajo lo mejor de cada integrante desde su centro cardíaco y tenga la fortaleza de contribuir con humildad al desarrollo de cada uno de ellos, dentro y fuera de la empresa. Desde la creatividad, el juego, el humor. La nueva empresa sin caras deprimidas, malhumoradas y tristes va formándose, con el placer de reunirnos cada día con personas que realizan la tarea de la misma manera y sólo se conectan entre sí desde el centro del corazón. ¿Parece irreal? He tenido experiencias de coaching empresarial grupal e individual que demuestran lo contrario. Al aplicar estas técnicas se modifican realmente las relaciones interpersonales en un mismo departamento o área empresariales y/o distintos sectores donde los temores, celos, envidia, bronca, agresión, competencia eran actitudes habituales, siendo reemplazadas por la confianza y el respeto. Al unificar las áreas y transformarlas, la relación con los clientes es distinta y los niveles de venta y rentabilidad crecen sin necesidad de manipulación ya que todos los integrantes están consolidados en el bien común de todos y de cada uno y de la empresa. El objetivo de los propietarios, ejecutivos y empleados es el mismo. La empresa se unifica.

Por ejemplo hace un tiempo di un seminario para la Legislatura de la Ciudad de Buenos Aires. Eran más de sesenta personas. Todas de distintos sectores y niveles (gerentes, asistentes, cadetes) y de distintos departamentos. Al cabo de los cuatro encuentros estaban todos redescubriéndose y aceptando sus diferencias y agradeciendo la posibilidad que los había conectado con las otras personas desde otra mirada. Esto es lo que produce la Bio-recodificación del ADN Vibracional de Silvia Wachter® aplicado a organizaciones.

b. Integración Empresarial

Toda empresa es un sistema de variadas y complejas relaciones; como tal integra un todo que, se vincula con cada uno de los sectores que la componen. Por lo tanto el funcionamiento armónico y equilibrado de la empresa, está íntimamente relacionado con el respaldo y colaboración que cada uno de esos componentes pone de manifiesto. Es un error pensar que la empresa puede funcionar si las áreas que la conforman no están: primero, en un constante proceso dinámico de evolución propia y segundo, incrementando y sosteniendo un eficiente y fluido vínculo entre cada una de ellas y todas en su conjunto.

Unidad e integración son las claves para desarrollar una empresa eficiente, dinámica, funcional; que evoluciona con fluidez y equilibrio propio. Suele ocurrir que las áreas o sectores de una empresa se convierten en compartimentos estancos; cada una funciona en forma independiente sin interesarse por las tareas y problemáticas de los otros sectores. Por ejemplo: si Ventas no tiene una correcta y fluida comunicación con Expedición, el esfuerzo se esfuma ante la dificultad de entregar las mercaderías o el servicio en tiempo y forma. Otro ejemplo: la venta se ha realizado; la mercadería se ha entregado, sin embargo la cobranza no se ha efectuado en los tiempos pactados. Esto genera serias dificultades en el sector Finanzas, ya que la empresa ha realizado compras -que generan egresos de fondos- para cubrir las mercaderías que se han vendido y entregado, pero que lamentablemente aun no se han cobrado.

Una empresa u organización es similar al cuerpo humano, que también es un sistema. Para que nuestro cuerpo actúe en armonía y sin dificultades todos nuestros órganos, huesos, músculos, tejidos, circulación sanguínea, oxigenación, sistema nervioso y nuestras emociones, deben funcionar en equilibrio, de esa forma cada aspecto de nuestro sistema corporal se comunicará perfectamente entre sí y nos sentiremos saludables y en pleno uso de nuestro potencial físico, mental y emocional. Por lo tanto nuestro cuerpo funciona maravillosamente cuando el estado de salud se manifiesta como armonía y equilibrio perfectos y nos sentimos plenos para realizar las actividades que nos proponemos. De la misma forma, para lograr el objetivo que toda empresa se propone, que es lograr su mayor rentabilidad y por consiguiente, el éxito en el mercado; necesitamos entender profundamente y ejercer, este concepto de unidad del sistema; para que todos los sectores implicados, funcionen perfecta y mancomunadamente. Para que ello ocurra es necesario: a) *Integración de los sectores* de la empresa u organización y sus distintos niveles organizacionales y jerárquicos. b) *Entendimiento*; conocer "el cómo": funcionamiento de su totalidad, que elementos, obstáculos, temores, dificultades comunicacionales y que otras circunstancias posibles de causar interferencia, existen entre los sectores y sus integrantes. c) *Comprensión organizacional*; tomar conocimiento y construir la acción comprensiva y resolutiva. De esta manera; la unificación de los objetivos de cada sector se integra con los objetivos de todas las áreas en los distintos niveles organizacionales y jerárquicos. El resultado de la puesta en práctica de estas herramientas de Integración Empresarial nos permitirá observar rápidamente como se unifica e integra su sistema operativo y organizacional en un objetivo común e inherente a sus propios intereses, pero también a los de cada sector y por ende a los de cada uno de sus integrantes. De allí al éxito y a la rentabilidad esperada, hay un solo paso.

6

A Modo De Epílogo

Vivimos un tiempo de renacer a lo que durante tantos eones de tiempo nos preparamos. Es la nueva conciencia de *Unidad y Síntesis*.

Sencillez y misterio en lo nuevo, reconocimiento y vivencia de otras vidas y experimentación consciente de traslado a distintos espacios tiempo y dimensiones.

La Humanidad se ha preparado desde tiempos inmemoriales y a través de distintas civilizaciones para este comienzo de un nuevo ciclo de 26.000 años, es el *estado de conciencia plena* que llevará a formar una nueva civilización basada en el Amor Incondicional. Un nuevo hombre nace. Este nuevo hombre es consciente de todos sus dones y capacidades, puede percibir a los demás desde el Amor Incondicional, ya no se necesitan mascaras ni personajes para actuar. LO QUE ES… ES. En este nuevo estado de conciencia las capacidades intuitivas y de traslación a través del espacio tiempo reconectarán al hombre con su fuente divina y sagrada. Las simulaciones, el temor y el sufrimiento desaparecen y dan lugar al Hombre Nuevo integrado y unificado en sí mismo y con los demás, percibe desde este Amor Incondicional toda su nueva realidad y se permite experimentar el gozo y la gracia sin culpas ni necesidades. Está todo adentro suyo. No es necesario buscar afuera ni responsabilizar o culpar a los otros. Finalmente…SOMOS UNO.

✦✦✦

Mensajes en Amor

Bendice la tierra el nombre del espíritu divino que mora en cada uno de los hombres y agradece tu presencia en este lugar sagrado. En el espíritu divino de cada ser estas tú, fuente perfecta de la manifestación Divina.

Bendice el hombre a la tierra y con cada bendición que salga de su boca y de su corazón se alinean los planetas del mar infinito del cosmos.

Bendita sean la tierra y los hombres. Benditos los mensajeros de la Luz y del sol. Bendito por siempre es el espacio infinito de la Luz y bendita seas fuente irrevocable de toda justicia. Bendecida eres por siempre. Busca traer el espíritu del Padre/Madre a la tierra y manifiesta tu divinidad. Soles y estrellas planetarias se verán en el cielo terrestre prontamente y así el hombre nuevo consolidará su posicion en el orden planetario. La Luz del espíritu Divino irradiará sus corazones y vibrarán en el Amor infinito del Padre/Madre. Bendita eres en la misericordia Divina y bendecida eres por la Gracia Divina que mora en tí. Tiempos y espacios nuevos se abren para tí ahora. Nuevos caminos recorrerás de la mano de los Maestros del cosmos. Nuevos espacios visitarás y encontrarás. El nuevo código ya se ha instalado. Tu ego se resiste y se entristece. Tu corazón reboza de alegría y plenitud. Vivencia y siente ahora el Amor infinito en ti. Maravillosas son las cosas que en silencio y humildad has realizado. Maravilla eres a los ojos del Creador Universal. Eres un ser único y perfecto.

✦✦✦

Queridos míos es el momento de comenzar la conexión con el Amor Universal, ese amor a todos los reinos que ha sido manifestado a todos los seres del planeta tierra. La humanidad toda esta atravesando ahora momentos de crisis y caos. Estos son los momentos en que la fe es más necesaria. Fe en ustedes mismos. Ustedes son seres divinos encarnados en un cuerpo material que han elegido venir en estos momentos tan fundamentales para la creación de una nueva energía de Amor Incondicional en toda la humanidad. El Amor prevalece al miedo a partir de ahora, el Amor de ustedes hacia ustedes mismos, el Amor de ustedes hacia los otros seres y hacia todos los otros reinos.

Ha llegado la hora de sentir esta vibración del Amor que ya está instalada en vuestros corazones. Se han producido algunas de las manifestaciones y cambios en su ADN tal como se había predicho. Aún es el tiempo de comenzar a comprender el significado de ello. A los seres de Luz, a los trabajados de la Luz, a los guerreros de la Luz les agradecemos su coraje y valentía, su entereza por haber elegido estos momentos de tanto caos.

La nueva conciencia ya está instalada en algunos de ustedes. Ya muchos se conectan con su ser interior y pueden verse y mirarse en los otros como parte integrante de un todo. Muchos de ustedes descubren cada día la conexión con otros reinos y la multidimensionalidad. Son ustedes los iniciadores, la llave para formar y señalar el camino nuevo a muchas personas que aún no han comprendido, que están recién despertando a esta nueva energía de Luz y de creación del mundo. Esta nueva energía en la que nos convertimos en creadores de nuestros propios mundos.

En la que a cada instante elegimos, cada vez más concientemente como es y será el diseño de nuestra vida.

El poder de Dios es infinito y como somos imagen y semejanza de Él nuestro poder también es infinito. Dios y nosotros somos UNO.

Estamos en una red de Luz maravillosa y glamorosa. Cada vez más los Hijos de la Luz despiertan a la nueva conciencia de quienes son y a qué vinieron al planeta tierra. Esta conciencia permite la conexión de Ser a Ser, a veces sin tener en cuenta el ego. Son instantes, segundos en los que el Amor hacia nosotros mismos, se manifiesta a los otros.

Cada vez más se intensifica la luz y el poder del Padre/Madre en nosotros y en el planeta.

Sois chispas Divinas. Maravillosas chispas Divinas!!!!!!!

Muchos recuerdan esa unión con el todo, esa unión con lo divino de cada Ser. Y muchos de ustedes ya saben que son más allá de su ego, más allá de los trabajos que realicen, los deseos, los miedos, las inquietudes, más allá de su sombra.

Saben que están trabajando en una red inigualable de Luz y que cada paso que dan esa Luz se expande aún más.

El recorrido ha sido intenso, a veces arduo, a veces alegre, a veces liviano, o pesado pero han caminado hasta aquí con la certeza que solo brota del corazón.

Ese mismo corazón que es la muestra de quienes son, Ese mismo corazón que tantas veces han entregado al Padre/Madre. Y ese mismo corazón que les permitirá continuar la próxima parte del camino. Un camino perfecto porque Dios y Ustedes son perfectos, han creado una vida perfecta para el papel que han querido jugar.

Son los diseñadores de su propia vida. La diferencia es que hasta aquí no tenían conciencia de ello. A partir de ahora ya la tienen. Son responsables de lo que suceda en su vida de aquí en más.

✦✦✦

En el Espíritu Divino del Padre/Madre creador la misericordia Divina penetra en estos momentos en los corazones de los hombres de la Nueva Humanidad, no temáis, no dudéis ya han tenido manifestaciones concretas de nuestra unión y cocreación. Los estamos animando a este nuevo encuentro con su Ser primigenio, es ahora el tiempo de reconexión con su corazón cósmico es el tiempo de lo nuevo, lo amado y lo esperado tras tantos años de encarnaciones en este planeta. Su preparación es un éxito. Muchas almas partirán y desarrollarán estas capacidades en otros lugares. Y muchas otras pemanecerán aquí en este amado planeta tierra para transitar la Nueva Humanidad. Están preparados y es el momento. Es ahora el tiempo de alejar de sus vidas lo viejo, y conectarse solo desde el gran centro del corazón cósmico. Este centro, esta apertura al corazón del Gran Sol Central los conecta con el Amor Incondicional, el verdadero Amor, el que todo lo puede. Es el Amor del Padre/ Madre manifestándose en sus propios corazones. Grandes cambios ya están ocurriendo en esta humanidad para dar lugar a lo nuevo, lo genuino, lo verdadero: el Amor Incondicional: el amor que da sin pedir nada a cambio.

En esta Nueva Humanidad, en esta nueva tierra el gozo y el placer de lo cotidiano, la capacidad conciente y continua de cocreación. Lo nuevo es el Amor Incondicional. Lo nuevo es la ausencia del miedo. El desarrollo de todos sus dones y capacidades en bien de la humanidad como punto de unión con el cosmos y con todas las galaxias. El infinito amor de la espiral cósmica de la luz, penetra a cada instante en sus cuerpos para purificar, sanar y liberar todas las improntas que estan impidiendo su conexión con su propia divinidad. Rayos de Luz cósmica penetran en cada uno de sus cuerpos respetando el libre albedrío, con la aceptación interna de cada uno de ustedes para que así sea.

Bienvenidos hermanos del alma, hermanos cósmicos, seres Divinos y Sagrados a formar parte de esta Nueva Humanidad y retornar a la Fuente, al paraíso perdido del hombre hace muchos años atrás. Esta es la Nueva Humanidad, de esto se trata, del paraíso en la tierra (como es arriba es abajo) han triunfado (como ustedes dicen) como humanidad al lograr ser el puente entre el cielo y la tierra.

Benditos sois por siempre!!!!!!!!!!!!!!!!!!!!!!!!!!

✦✦✦

Bibliografía

Bailey, Alice A. (2009) *La Educación En La Nueva Era*, Málaga, Editorial Sirio, 1ª Edición, Año 2009

Braden, Greg *El Efecto Isaias*, California, Ed.Three Rivers Press, Año 2005

Brenann, Barbara Ann (1993) *Manos que Curan*, Barcelona, España, Ed. Martinez Roca, Año 2008

Emoto, Massaru (2003) *El Mensaje Del Agua*, España, Ed. La Liebre De Marzo, 11ª Edición, Año 2003

Hurtak, James J. (1973) *El libro del Conocimiento; Las Claves de Enoc*, CA, Ed.The Academy For Future Science, año 2002

Marciniak, Barbara (1995) *Mensajeros Del Alba*, Barcelona, Ed. Obelisco, 13ª Edición, Año 2016

Salatino, Alejandra (2004) *La Sabiduría De Los Cristales*, Buenos Aires, Editorial Kier, 1ª Edición, Año 2006